Andreas Salewski

Páfos – Europäische Kulturhauptstadt

Achter Verlag

Achter Verlag, Weinheim
ISBN 9763981767452
Satz und Gestaltung: Lisa-Marie Brune
Druck: TopTryk Grafisk, Gråsten

Inhalt

Zyfern
Páfos

Vorwort

Liebe Leserin, lieber Leser,

Zypern und die Stadt Páfos an der Westküste der Insel verbinden die meisten von Ihnen mit einem relaxten Badeurlaub, mit gutem Essen und Trinken und mit Ausflügen und Besichtigungen antiker Ausgrabungsstätten.

All dies kann man dort genießen, doch Páfos hat noch weit mehr zu bieten: Als erste Stadt Zyperns wird Páfos 2017 den Titel „Europäische Kulturhauptstadt“ tragen. Hierauf bereiten sich die Stadt und ihre Einwohnerinnen und Einwohner seit einigen Jahren intensiv vor. Es wurde ein spannendes, abwechslungsreiches Kulturprogramm organisiert, das die Menschen, die in der Stadt leben, ebenso begeistern wird, wie die Touristen, die ihren Urlaub hier verbringen oder extra deshalb nach Páfos kommen.

Der Charme des Besuchs einer Europäischen Kulturhauptstadt besteht darin, die gewöhnlichen Touristenpfade zu verlassen und tiefer einzutauchen in das kulturelle Leben einer Stadt. Dieser Reiseführer beschreibt deshalb die Ideen und Themenschwerpunkte von Páfos 2017 und verbindet sie mit den zahlreichen Sehenswürdigkeiten. So entsteht eine neue Perspektive auf die vielfältigen kulturellen Schätze und Naturlandschaften in und um Páfos.

Ich wünsche Ihnen einen erholsamen Urlaub mit interessanten Kulturevents, bleibenden Eindrücken und spannenden Begegnungen mit den Menschen in Páfos.

Danken möchte ich Erica, Lefteris und Michael aus Zypern für die Insidertipps und Christine für die Begleitung während meinen Recherchereisen und das Redigieren der Texte.

Andreas Salewski

ΠΑΦΟΣ2017
ΠΟΛΙΤΙΣΤΙΚΗ ΠΡΩΤΕΥΟΥΣΑ ΤΗΣ ΕΥΡΩΠΗΣ
world
travellers
ΠΑΦΟΣ2017
ΠΟΛΙΤΙΣΤΙΚΗ ΠΡΩΤΕΥΟΥΣΑ ΤΗΣ ΕΥΡΩΠΗΣ
ΠΑΦΟΣ2017
ΠΟΛΙΤΙΣΤΙΚΗ ΠΡΩΤΕΥΟΥΣΑ ΤΗΣ ΕΥΡΩΠΗΣ

Páfos – Europäische Kulturhauptstadt 2017

Ein Geburtsort der Götter, ein Paradies der Liebe und der Leidenschaft, ein Hafen für Reisende zwischen den Welten, ein von Homer und Hesiod gepriesenes kulturelles Zentrum des Altertums, ein begehrtes Objekt für Eroberer und Abenteurer, eine von fremden Herrschern unterdrückte Stadt, ein seiner Magie beraubter Ort, eine in Vergessenheit versunkene Stadt, eine für die Unabhängigkeit kämpfende Stadt, eine Stadt im letzten geteilten Land Europas, eine Zuflucht für Flüchtlinge, eine Touristenhochburg, ein wichtiges Finanzzentrum, eine europäische Stadt des 21. Jahrhunderts am Knotenpunkt zwischen Europa, Asien und Afrika – und 2017 Europäische Kulturhauptstadt mit einer Open-Air-Fabrik. All das und mehr ist Páfos.

Europäische Kulturhauptstädte – Ideen und Ziele

Der Titel „Europäische Kulturhauptstadt“ geht auf eine Initiative der damaligen griechischen Kulturministerin Melina Mercouri zurück und wird von der Europäischen Union seit 1985 jährlich vergeben. Mit der steten Erweiterung der EU änderte sich auch das Konzept: Wurde ursprünglich jedes Jahr eine Stadt ausgewählt, werden seit 2009 jeweils eine aus den alten und eine aus den neuen Mitgliedsländern nominiert. Bis zum Jahr 2019 werden 60 Städte in

30 Ländern den Titel geführt und ihre Stadt und ihr Land kulturinteressierten Menschen Europas präsentiert haben. Die EU unterstützt die Kulturhauptstädte durch die Vergabe des mit eineinhalb Millionen Euro dotierten „Melina Mercouri Preises". Weitere Mittel von mindestens einer Million Euro muss die jeweilige Kulturhauptstadt selbst aufbringen.

Hauptidee ist die Annäherung der europäischen Nationen: Mit ihrem Programm tragen die Europäischen Kulturhauptstädte dazu bei, die Vielfalt, den Reichtum und die Gemeinsamkeiten des kulturellen Erbes in Europa herauszustellen. Sie rücken so in den Vordergrund, was uns Europäer miteinander verbindet. Aber auch die kulturelle Individualität der ausgewählten Städte steht im Blickpunkt: Die Events und Infrastrukturmaßnahmen der Kulturhauptstädte fördern die Stadtentwicklung und beziehen Bürger und Künstler gleichermaßen mit ein.

Marina Vryonidou, Geschäftsführerin von Páfos 2017, beschrieb diesen Prozess in einem Interview so: *„Der Titel ‚Europäische Kulturhauptstadt' eröffnet einer Stadt die einmalige Chance, sich neu zu gründen und zu verjüngen. Einem Land gibt der Titel die Möglichkeit, sein Image als Touristendestination neu zu definieren, indem es sein kulturelles Erbe und Potenzial in den Vordergrund stellt. (...) Mit Sicherheit kann das Projekt die kulturelle Schaffenskraft, das Image und die Zukunftsaussichten einer Stadt und eines Landes verbessern, wenn es strategisch geplant, vermarktet und umgesetzt wird."*

t

Eine Übersicht über die Europäischen Kulturhauptstädte seit 1985 findet man auf der Homepage der Nationalen Kontaktstelle für die Kulturförderung der EU (www.ccp-deutschland.de).

Páfos wird Europäische Kulturhauptstadt

Schon im Jahr 2010 begann die Bewerbungsphase. Páfos konkurrierte dabei auf nationaler Ebene mit Limassol und der Hauptstadt Nicosia. Ende 2012 fiel die Entscheidung zugunsten von Páfos, das damit als erste Stadt Zyperns den Titel „Europäische Kulturhauptstadt“ tragen wird. Schon kurz darauf begannen die Vorbereitungen, die jedoch durch den Finanzcrash auf Zypern im Frühjahr 2013 jäh unterbrochen wurden. Auch die Finanzierung des Projekts stand auf der Kippe. Nach einer mehrere Monate langen Pause, in der die finanzielle Förderung des Projekts auf neue Füße gestellt wurde, war Páfos 2017 zurück in der Spur. Mit zusätzlichem Personal, vielen Freiwilligen aus der Stadt und der Region und getragen von einer großen Begeisterung der Bevölkerung wird seitdem das Kulturprogramm für 2017 vorbereitet. Schon seit 2015 finden zudem in Páfos Kulturevents statt, die auf die Themenschwerpunkte der Europäischen Kulturhauptstadt Bezug nehmen.

Auch das Image der Stadt Páfos als Urlaubsort und als Reiseziel mit seinen bedeutenden historischen und kulturellen Stätten, soll nach dem Willen der Veranstalter verbessert werden. Wie andere Küstenstädte Zyperns, leidet Páfos an der starken Ausweitung des Massentourismus seit den 1980er Jahren mit all seinen negativen Begleiterscheinungen. Jahrelange politische Streitigkeiten, mangelhafte Planung, Selbstzufriedenheit und Profitgier bedrohen heute die Schönheit der die Stadt umgebenden Natur ebenso wie ihr reiches kulturelles Erbe. Die Programmgestalter sehen Páfos 2017 als einmalige Chance für die Stadt und für Zypern insgesamt, die Fehler der Vergangenheit zu korrigieren und eine Entwicklung anzustoßen, die Umwelt zu schützen, Kulturtourismus zu fördern und das kulturelle Selbstverständnis des Landes zu erneuern. Wichtige kulturelle und Infrastrukturprojekte, die sonst kaum als bedeutend angesehen worden wären, können nun verwirklicht werden.

„*Vielleicht kann Páfos, zusammen mit den anderen Städten, die sich mit Programmen und Infrastruktur beteiligen, Wegbereiter dafür sein, ganz Zypern in eine Open-Air-Fabrik der kulturellen Erneuerung zu verwandeln*“, beschreibt Marina Vryonidou ihre Vision des mit Páfos 2017 eingeschlagenen Weges. Diese Vision vor Augen möchte das Kulturprogramm 2017 Bewohner und Besucher gleichermaßen dazu einladen, ihre Augen und Herzen zu öffnen und darüber nachzudenken, wie Kunst und Kultur unser Leben bereichert und deshalb erhaltenswert ist.

Tipp

t

Auskünfte zum Programm gibt es beim Organisationsbüro Páfos 2017 direkt beim Archäologischen Museum (Griva Digeni Avenue 55, 8047 Páfos, Tel.: 00357 26 93 20 17, E-Mail: info@Pafos2017.eu, www.Pafos2017.eu). Dort können auch Kartenreservierungen vorgenommen werden.

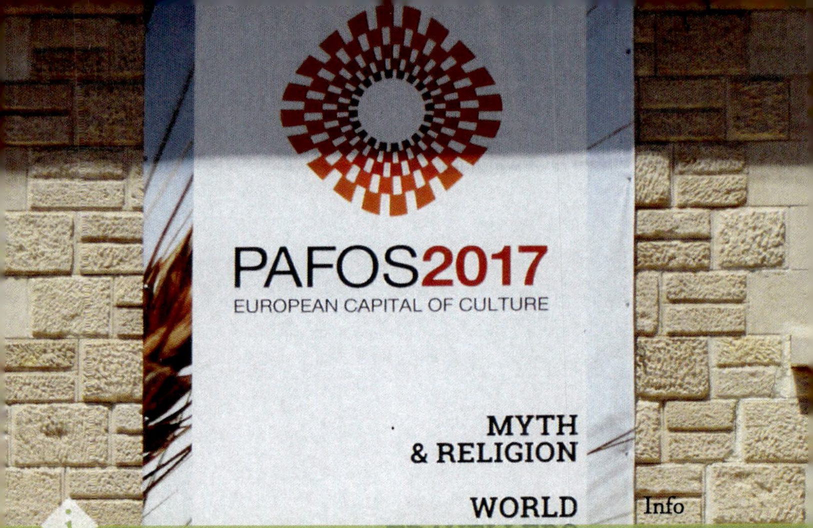

Das Páfos 2017-Logo

Das Design des Páfos 2017-Logos nimmt Bezug auf verschiedene Aspekte Zyperns und Páfos': Es symbolisiert die Sonne, die auf der Insel Zypern an mehr als 300 Tagen im Jahr scheint und die Mosaiken in den antiken römischen Villen, für die die Stadt Páfos berühmt ist. Es steht sinnbildlich für die vielen Kulturveranstaltungen, die sich auf das weltoffene, moderne Páfos beziehen und die Stadt als ein Mosaik moderner Kultur darstellt. Mit seinen orangefarbenen Schattierungen verweist es auf die Energie und die Wärme der Stadt und ihrer Einwohner. Das Innere des Logos zeigt die Weitläufigkeit der Stadt, während die das Innere umgebenden Bruchstücke die verschiedenen Regionen, Kulturen und Menschen repräsentieren, die gemeinsam zum Gelingen der Europäischen Kulturhauptstadt beitragen. Mit seinem von Fragmenten umschlossenen Kern weist das Logo schließlich darauf hin, dass die im Herzen von Páfos entstehende kulturelle Kraft und Energie sich strahlenförmig auf die Umgebung und schließlich auf ganz Europa ausweitet.

Páfos – Geschichte, Gegenwart, Zukunft

Die Stadt schaut zurück auf eine mehr als sechstausendjährige Vergangenheit. Die historischen Ereignisse von der Antike bis heute haben die Stadt, das Land und die Bevölkerung in vielerlei Hinsicht, besonders aber in kultureller, beeinflusst. Aufgrund seiner geografischen Lage auf dem Schnittpunkt der Reise- und Handelsrouten zwischen dem Mittleren Osten, Europa und Afrika kam Páfos im Laufe der Geschichte mit den unterschiedlichsten Kulturen in Berührung. In der Stadt findet man, wie auf ganz Zypern, Zeugnisse und Spuren mykenischer, hellenistischer, römischer, christlicher, byzantinischer, fränkischer, osmanischer und britischer Kultur, die bis heute sichtbar und greifbar sind. Nicht einmal die Geburt einer Göttin an der Küste von Páfos wurde ausgelassen. Kein Erdbeben, kein Piratenüberfall, keine kulturelle Strömung – nichts von all dem ließ Páfos unverändert. Eine Stadt in ständiger Entwicklung und im permanenten Wandel.

Liebe in der Heimat Aphrodites

Glaubt man Homer, Hesiod, Euripides und anderen Autoren der Antike, tauchte Aphrodite an den Ufern von Páfos aus dem Schaum des Meeres auf. Wahrscheinlich hat sich diese Legende aus der Tatsache heraus entwickelt, dass schon seit prähistorischer Zeit in der Küstenregion bei Páfos ein Jungfrauenkult existierte. Als im 12. Jahrhundert vor Christus mykenische Griechen die Insel besiedelten, wurde die dort

seit der Bronzezeit verehrte östliche Himmelskönigin und Liebesgöttin Astarte „hellenisiert" und fortan als Aphrodite, Gottheit der Liebe und der Lust, gefeiert. Zu Ehren Aphrodites wurde in Palai Páfos (Alt-Páfos, heute: Koúklia), eine der ersten Siedlungen auf Zypern überhaupt, ein gewaltiger Tempel gebaut, der vom Meer her schon von weitem sichtbar war.

Die Geburt der Aphrodite

Die Liebes- und Fruchtbarkeitsgöttin Aphrodite soll der Legende nach aus dem Schaum des Meeres geboren und bei Pétra toú Romioú dem Meer entstiegen sein. Der Zeugungsakt war aufregend, jedoch wenig lustvoll: Himmel und Erde (Uranos und Gaia) zeugen die Titanen, die einäugigen Zyklopen und schließlich die hundertarmigen Hekatoncheiren. Dem Vater sind seine Kinder verhasst, darum hält er sie in Gaia (in der Höhlung der Erde) versteckt und freut sich seiner Tat. Gaia sinnt auf eine List und fordert ihre Kinder auf, sich gegen den Vater aufzulehnen. Der Titan Kronos folgt ihr als einziger.
Was dann geschieht, davon berichtet Hesiods „Theogonie“ wie folgt:

Also sprach er (Kronos); und Gaia, die riesige, freute sich innig,
barg ihn in einem Versteck und legte die zahnige Hippe
ihm in die Hand und lehrte zuletzt ihn jeglichen Kunstgriff.
Uranos kam, der erhabne, die Nacht herführend; er legte,
Liebe begehrend, sich hin um Gaia und dehnte sich ringsum.
Aber hervor langt aus dem Versteck mit der Linken der Sohn jetzt,
fasst mit der Rechten zugleich die gewaltige Hippe, die lange,
spitzig gezähnte, und mähet die Scham nun dem eigenen Vater
eilig hinweg; dann schleudert sogleich mit kräftigem Schwunge
er sie zurück, und vergebens entflog sie nimmer den Händen. (…)
Wie nun die Scham er gleich nach dem Schnitt mit der eisernen Hippe
hatte geschleudert vom Land in die hoch aufbrandenden Fluten,
also trieb sie dahin noch lange im Meer, bis endlich
weißlicher Schaum das unsterbliche Glied umwallt, und ein Mägdlein
innen erwuchs; das nahte Kytheras heiliger Insel
erst und gelangte von da zur meerumflossenen Kypros.
Hier entstieg sie, die schöne gefeierte Göttin, und Kräuter

blühten empor um den niedlichen Fuß. Sie wird Aphrodite,
Schaumentsprossen, wie auch Kythereia, die reizend bekränzte,
drum von den Göttern genannt und Sterblichen, weil sie vom Schaume
herstammt; dann Kythereia, sofern sie genahet Kythera.
Kyprosentsprossne zugleich, weil Kypros wurde die Heimat,
zeugungsliebend zudem, weil aus dem Glied sie erwachsen.

Die Überreste des Aphrodite-Tempels sowie archäologische Ausgrabungen prunkvoller öffentlicher Gebäude und privater Villen weisen darauf hin, dass Palai Páfos ein wohlhabender Pilger- und Handelsort seiner Zeit war. Die Vorgeschichte der Stadt lässt sich archäologisch bis in die späte Bronzezeit belegen. Seit dem 15. Jahrhundert vor Christus muss eine Siedlung bestanden haben. Über die Gründung der Stadt finden sich in mythischen Quellen unterschiedliche Berichte, die vor allem die enge Verflechtung von Páfos mit der griechischen Mythologie belegen. Einer davon nennt den Assyrerkönig Kinyras, Vater von Adonis, als den Stadtgründer und ersten Hohepriester des Aphrodite-Heiligtums. Hierfür spricht, dass Generationen von Priesterkönigen in Palai Páfos als „Kinyraden" bezeichnet wurden. Der griechische Reiseschriftsteller und Geograf Pausianias dagegen vermutete, dass Agapenor, König der griechischen Stadt Tegea (Arkadien), nach dem Trojanischen Krieg vom Wind an die Westküste Zyperns getrieben wurde und dort Palai Páfos und das Heiligtum gründete. Historisch belegt ist die Stadt erstmals durch eine Inschrift auf der Kition-Stele aus der Zeit des Assyrerkönigs Asarhaddon (680–669 v. Chr.), die König Ituandar (Eteandros) von Páfos als tributpflichtig aufführt.

Noch 300 Jahre nach der Christianisierung Zyperns war der Kult lebendig und bis heute ist der Zauber Aphrodites und der Kult um die Göttin der Liebe fester Bestandteil des kulturellen Erbes der Stadt. Das Blumenfest „Anthestiria“ ist eine aktuelle Neuinszenierung des alten Aphrodite-Fests. Es taucht Páfos jedes Jahr in ein Meer aus Farben und Düften, wenn auf dem heiligen Weg von Nea Páfos zum Aphrodite-Schrein nach Palai Páfos die prachtvollen Prozessionen blumenbekränzter Frauen und Männer stattfinden. Mehrere Páfos 2017-Projekte in der Themenlinie „Mythos und Religion“ handeln von der Liebe und der seit mehr als 4.000 Jahren verehrten Göttin.

Persisches Intermezzo

Im 5. Jahrhundert vor Christus erlebte Páfos und die ganze Insel die erste Invasion und Unterjochung durch die Perser. Im Verlauf der persischen Herrschaft gelang es dem zyprischen Königreich jedoch, einen Teil seiner Autonomie zurück zu gewinnen. Im 4. Jahrhundert vor Christus war Páfos eine reiche Stadt, die hauptsächlich von attischer Kunst, beeinflusst war. Nach dem Sieg Alexanders des Großen bei Issos (333 v. Chr.), durch den er auch Herrscher über Zypern wurde, folgte eine kurze Periode der Unabhängigkeit des Landes.

Ptolemäische Herrschaft

Als im 3. Jahrhundert vor Christus die ptolemäische Herrschaft auf Zypern etabliert wurde, verließ der letzte König von Páfos, Nikokles, die Stadt Palai Páfos und verlegte den Königssitz 15 Kilometer weiter nördlich nach Nea Páfos. Grund hierfür war vor allem die Lage am Meer mit der Möglichkeit, einen Seehafen anzulegen. Palai Páfos blieb Sitz des Aphrodite-Heiligtums, aber es war die neue Stadt, die sich zum kulturellen und wirtschaftlichen Zentrum Zyperns entwickelte. Die Stadt wurde das größte Handelszentrum des Landes. Mehr als 400 Jahre lang blieb Nea Páfos die Hauptstadt der Insel.

Während der ptolemäischen Herrschaft hatte Nea Páfos ein bemerkenswertes Kulturleben. Theater florierten und die Stadt entwickelte sich zu einem bekannten kulturellen Zentrum. Bildhauer, Poeten und Wissenschaftler ließen sich wegen der anregenden Atmosphäre dort nieder. Die Silhouette der Prunkbauten entlang der Küste stellte für Reisende und Einheimische gleichermaßen eine eindrucksvolle Anlage dar. Die bis heute komplett erhaltenen „Königsgräber“ mit ihrer beeindruckenden Architektur und Dekoration stammen aus dieser Zeit. In der Nekropole (Totenstadt) mit ihren kostspielig dekorierten unterirdischen „Häusern“, wurden allerdings zu keiner Zeit Könige begraben, sondern höhere ptolemäische Verwaltungsbeamte.

Apostel Paulus

Ab 58 v. Chr. wird Zypern Teil des Römischen Reichs. Im Jahr 45 n. Chr. erreichten die Apostel Paulus und Barnabas die Insel und reisten nach Páfos, das immer noch Hauptstadt der Insel war. Sie trafen dort den Statthalter Sergius Paulus, der von ihnen das Wort Gottes hören wollte. Die biblischen Apostelgeschichten (Apg. 13, 6 – 12) beschreiben, dass der im Dienste des Pro-Konsuls stehende Magier Elymas von Paulus mit Blindheit geschlagen wurde, als er versuchte, gegen die beiden Apostel zu intrigieren. Überwältigt von diesem Zeichen göttlicher Macht bekehrte sich Sergius Paulus zum christlichen Glauben.

Das Eintreffen der beiden Apostel hatte große Auswirkungen für die Insel und markierte das Heraufziehen einer neuen Zeit für das gesamte Römische

Reich. Zypern wurde der erste Distrikt des Reichs, der von einem zum Christentum konvertierten Pro-Konsul regiert wurde. Páfos und Zypern können somit als ein Startpunkt der Christianisierung Europas betrachtet werden. Dennoch dauerte der Aphrodite-Kult noch bis ins 4. Jahrhundert nach Christus an.

In der Folgezeit erreichte die Stadt Páfos während des späten 2. und frühen 3. Jahrhundert als „Auguste Flavia Páfos, heilige Metropole der zyprischen Städte" ihren kulturellen Höhepunkt. Die Stadt wuchs rapide, ihre Einwohnerzahl erreichte 30.000. Die meisten der heute noch zu sehenden, reich mit Mosaiken verzierten Häuser stammen aus dieser Zeit.

Niedergang und Zerfall

Eine Serie von Erdbeben im 4. Jahrhundert brachte für Páfos nicht nur Zerstörung und Bevölkerungsrückgang mit sich, sondern auch den Verlust des Hauptstadttitels. Während der byzantinischen Zeit wurde Salamis (später: Constantia) bei Famagusta weltliche und kirchliche Hauptstadt Zyperns. Páfos konnte seine frühere Bedeutung nie wieder erlangen und verödete zunehmend. Zumal zur selben Zeit der byzantinische Eroberer Theodosios die Schließung aller heidnischen Heiligtümer anordnete. Damit endete auch die Verehrung Aphrodites in Palai Páfos. Páfos selbst verlor nicht nur den Status als Hauptstadt, sondern zugleich einen der größten und populärsten Kultstätten der bis dahin bekannten Welt.

Im Laufe der nächsten Jahrhunderte brachten arabische Überfälle ein großes Maß an Zerstörung in und um Páfos. Erst mit der Rückeroberung durch Byzanz im Jahre 965 kam wieder Leben in die verödete Stadt. Das byzantinische Fort, bis heute ein Orientierungspunkt in Páfos, und die Strandfestung Saránda Kolónnes wurden zur Sicherung der Stadt gebaut. 1197 bauten die Kreuzfahrer die Festungsanlagen weiter aus und machten Páfos zum Bischofssitz. Mehrere gotische Kirchen, von denen heute nur noch die Grundmauern erhalten sind, wurden errichtet.

Weitere sarazenische Überfälle, Krankheiten und Erdbeben führten zu einem weiteren, dramatischen Niedergang von Nea Páfos und zum erneuten Umzug der Stadt. Dieses Mal auf die Hügel von Ktima oberhalb von Nea Páfos (heute: Kato Páfos = ebenes Páfos). Seit dieser Zeit besteht die Stadt aus drei Teilen: Palai Páfos (Koúklia) mit dem Aphrodite-Tempel und den ältesten Bauwerken, Nea Páfos (Kato Páfos) – Touristenviertel der modernen Stadt – an der Küste ein Stück weiter nördlich und eben Ktima, wo sich seit 1571 auch die Türken ansiedelten und wo heute die meisten Einheimischen leben.

Osmanische Zeit

In den nächsten Jahrhunderten versank Páfos in politische und kulturelle Bedeutungslosigkeit. Dies änderte sich auch nicht, als ab 1573 das Osmanische Reich die Herrschaft über Zypern übernahm. Für Zypern markierte die osmanische Herrschaft jedoch einen wichtigen historischen Wendepunkt, der bis heute das Leben auf Zypern beeinflusst. Zunächst befreiten die Osmanen die Bauern und schafften die unter der venezianischen Herrschaft (1489–1573) übliche Zwangsarbeit ab. Christen und Muslime lebten weitgehend friedlich nebeneinander und bis weit in das 20. Jahrhundert hinein blieb der wesentliche Unterschied zwischen den Bevölkerungsgruppen einzig und allein die Religion.

Erst 1821, als sich im Zuge der griechischen Befreiungsbewegung auch auf Zypern eine entsprechende Bewegung bildete, endete die Ko-Existenz beider Bevölkerungsgruppen. Die Befreiungsbewegung wurde von den Osmanen blutig unterdrückt, griechische Zyprer wurden öffentlich hingerichtet oder enthauptet. Auf diese Zeit geht das bis heute aktuelle Zypernproblem zurück.

Moderne Zeiten

Im Zuge des stetigen Niedergangs des Osmanischen Reichs erlangte Großbritannien 1878 die Kontrolle über die Insel, das britische Kolonialrecht löste die osmanische Herrschaft ab. Erst 1960 erlangte Zypern als Ergebnis eines bewaffneten Befreiungskampfes (1955) die Unabhängigkeit. Dies brachte jedoch nicht auch den Frieden in das Land. Zwar lebten bis zur Unabhängigkeit türkisch- und griechisch-stämmige Zyprer überall auf der Insel nachbarschaftlich Seite an Seite zusammen, latent bestanden allerdings schon seit dem 19. Jahrhundert Vorurteile und Ressentiments zwischen beiden Volksgruppe. Sie manifestierten sich 1963 in gewaltsamen Nachbarschaftskonflikten. Im Zentrum von Páfos kam es zu bewaffneten Auseinandersetzungen mit zahlreichen Toten und Verletzten auf beiden Seiten.

Im Juli 1974 übernahmen die griechische Junta und ihre zyprischen Kollaborateure durch einen Staatsstreich gegen den gewählten Präsidenten, Erzbischof Makarios III, die Macht. Die Türkei nutzte die instabile Lage und startete nur wenige Tage später eine

Invasion, die große Verwüstungen mit sich brachte. Wie in anderen Städten, brachen auch in Páfos erneut bewaffnete Konflikte zwischen griechischen und türkischen Zyprern aus. Auf ganz Zypern wurden Tausende getötet, Zehntausende wurden gezwungen, ihre Häuser und ihre Heimat zu verlassen. Die griechischen Zyprer aus dem Norden kamen als Flüchtlinge in den Süden – viele zogen ins ehemalige türkische Viertel von Páfos (Mouttalos). Die türkischen Zyprer zogen umgekehrt in den Norden. Eine absurde Situation – bis heute. In Páfos waren bis dahin ein gutes Drittel aller Einwohner türkischstämmig – heute leben nur noch einige wenige in der Stadt. Bis heute kann man in Mouttalos die leer stehenden Häuser sehen, die von den türkischen Zyprern verlassen werden mussten. An manchen Stellen mutet das Viertel wie eine Geisterstadt an.

Da der Nordteil der Insel einige Haupttouristengegenden, unter anderem Famagusta und Kyrenia, besaß, wurden im Süden nach 1974 neue Touristenregionen erschlossen. Eine davon war Páfos, womit erneut eine Ära für die Stadt begann. Heute kommen jährlich mehr als 700.000 Urlauber in die Stadt, die meisten wohnen in Kato Páfos, dem Touristenviertel am Hafen. Von den Einheimischen, die zumeist auf dem Hügel in Ktima leben, sind die Touristen getrennt.

Páfos 2017 – Eine Stadt wandelt sich

Als Europäische Kulturhauptstadt greift die Stadt Páfos ihre jahrtausendealte, ereignisreiche Geschichte mit vielen Höhen und Tiefen auf. Die heutige Situation sowie die Erwartungen und Hoffnungen für die Zukunft der Stadt könne nur begriffen und bearbeitet werden, wenn die Geschichte verstanden und die richtigen Lehren daraus gezogen werden, heißt es in der Bewerbung zur Europäischen Kulturhauptstadt. Um die Situation der Stadt Páfos heute zu verstehen, müsse man den Blick auf die historische Entwicklung sowie auf die geografische und politische Lage der Insel Zypern richten: Was bedeutet es, dass Páfos an der Schnittstelle zwischen Asien, Europa und Afrika liegt? Und wie kann das historische und kulturelle Erbe Zyperns und der Stadt für die Zukunft genutzt werden? Dies sind zentrale Fragestellungen der Themenlinien und Projekte von Páfos 2017.

Konkret werden in der Themenlinie „Mythos und Religion" („Myth and Religion") der in den Köpfen der Menschen nach wie vor lebendige Aphrodite-Kult aufgegriffen, die Projekte der Themenlinie „Weltenbummler" („World Travellers") beschäftigen sich mit der geografischen Lage von Páfos am Schnittpunkt der Reisewege und Kulturen und in der Themenlinie „Schritte in die Zukunft" („Stages of the Future") wird die Trennung der türkischen und griechischen Bevölkerung ebenso wie die Trennung der Einheimischen und der Touristen in der Stadt thematisiert. 2017 ist die Zeit für einen erneuten Wandel und für eine neue Perspektive für die Menschen in Páfos, heißt es in den Bewerbungsunterlagen zur Europäischen Kulturhauptstadt. Páfos 2017 will eine Kulturhauptstadt im „fernen Osten Europas" und „im fernen Westen Zyperns" sein.

i

Páfos – Daten und Fakten

Fläche (Bezirk): 1.393 km² (etwa die Größe von Rom)
Geografische Lage: 34° 47‘ N, 32° 25‘ O, *Höhe ü. d. M.:* 72 m
Bevölkerung (Region): 77.800
(Stadt: 56.700 = 72,8 %, Bezirk: 21.100 = 27,2 %)
Ausländische Einwohner/Migranten: 28.000
(Stadt: 20.650 = 36,4 %, Bezirk: 7.350 = 34,9 %)
Touristen: rd. 700.000/Jahr, Top-3-Länder: Großbritannien, Russland, Deutschland

Website: Stadt Páfos: www.Pafos.org.cy,
Europäische Kulturhauptstadt: www.Pafos2017.eu

Erste Orientierung in der Stadt

Páfos ist heute mit rund 57.000 Einwohnern die viertgrößte Stadt auf Zypern. Die erste Frage, die man sich als Besucher stellt, wenn man in Páfos ankommt lautet: „Wo ist Páfos?“ Fragt man die Touristen werden sie sagen: in Káto Páfos, unten an der Küste, dort wo (fast) alle Hotels, Restaurants und Bars liegen. Die Einheimischen würden dagegen antworten: in Ktima (Landgut) oder Páno Páfos (oberes Páfos), der Oberstadt auf dem Hügel, wo die Wohnviertel, die Schulen, das Rathaus, die Theater und Parks liegen.
Tatsächlich sind beide Teile der Stadt räumlich dadurch getrennt, dass Ktima knapp drei Kilometer vom Meer entfernt auf einem Kalksteinplateau liegt. Den Kern der Oberstadt bildet das zwischen dem ehemaligen osmanischen Bad und der Kebir-Moschee liegende ehemalige türkische Viertel. Hier liegen der Marktplatz und die Markthalle,um sie herum zahlreiche kleine Geschäfte und Cafés.
Unterhalb von Ktima liegt Káto Páfos (unteres Páfos), dass mit dem Ausbau des Massentourismus seit den 1980er Jahren rasant

gewachsen ist. Die Unterstadt besteht überwiegend aus Hotel- und Apartmentanlagen, Restaurants und Bars sowie Geschäften. Entlang der Küste reihen sich über mehrere Kilometer Hotel an Hotel („Hotelmeile“). Auch der zum UNESCO-Weltkulturerbe zählende Archäologische Park und die Königsgräber liegen in diesem Teil der Stadt.

Ktima und Káto Páfos sind jedoch nicht nur räumlich voneinander getrennt: während in der Oberstadt die meisten der Einheimischen leben, hat sich das weitaus größere Káto Páfos zu einem Viertel entwickelt, das von Touristen und dauerhaft hier lebenden Ausländern dominiert wird.

Historisch mit der Stadt verbunden ist Palai Páfos, die antike Hauptstadt Zyperns. Sie lag etwa zwölf Kilometer vom heutigen Páfos entfernt, dort, wo sich das kleine Dorf Koúklia befindet. Auf diese historischen Wurzeln beruft sich auch Páfos 2017: „The first capital of Cyprus in Hellenistic and Roman times is now once again a capital: The European Capital of Culture for 2017!“

Willkommen in der „Open-Air-Fabrik“!

„Willkommen in Páfos. Willkommen in der Open-Air-Fabrik!“ Diese Begrüßung werden die Besucher von Páfos 2017 häufig hören. Dann nämlich öffnet die Open-Air-Fabrik der Europäischen Kulturhauptstadt für Einheimische, ausländische Dauergäste und Besucher aus Europa und der ganzen Welt ihre Tore. Der Besuch lohnt sich. Schließlich handelt es sich um eine Fabrik der besonderen Art: Ihre Büros, Labors, Produktionsstätten und Lagerräume erstrecken sich über die ganze Stadt, breiten sich in den Dörfern des Páfos-Distrikts aus und erreichen – weil Páfos ganz Zypern repräsentiert – auch andere Teile der Insel. Alle Events und Projekte von Páfos 2017 finden in der Open-Air-Fabrik statt.

Mit den drei großen Produktionslinien „Mythos und Religion“, „Weltenbummler“ und „Schritte in die Zukunft“ bringt das Programm von Páfos 2017 Kultur unmittelbar in die Stadt: auf Kirchplätze ebenso wie in die Höfe der Moscheen, an Eingangstore und auf Dachterrassen, in die einzigartigen archäologischen Ausgrabungsstätten und in das orientalische türkisch-zypriotische Viertel Moutalos, an die Küste und in die Berge, die die Stadt umgeben.

Das Konzept der Open-Air-Fabrik verweist dabei auf eine lange Tradition im östlichen Mittelmeerraum: Angefangen von antiken ägyptischen Opfertänzen und Flussspielen auf dem Nil, über die öffentlichen Redner auf der Agora und den olympischen Spielen, die kretischen akrobatischen Stiersprünge und die türkischen Jereed-Pferdespiele, bis hin zu den antiken arabischen (Jahr-)Märkten und den Tragödienaufführungen in den antiken griechischen und römischen Theatern – alle diese Veranstaltungen haben unter freiem Himmel stattgefunden. Gerade im Theater, aber nicht nur dort, wurde die Natur und die Landschaft selbst Teil der Kulisse und des Kunstwerks.

Diese Anfänge europäischer Kultur und den damit verbundenen „Way of Life“ aufgreifend, möchte die Europäischen Kulturhauptstadt Kunst und Kultur dort erfahrbar machen, wo Einheimische ebenso wie Touristen üblicherweise ihre Freizeit verbringen: im Freien. Neun Monate im Jahr leben die Menschen in Páfos in den privaten Gärten und Terrassen, in den Straßencafés und Restaurants, an den Stränden, auf den Spaziergängen entlang der Küste. Mit der Open-Air-Fabrik wird dem öffentlichen Raum ein neues, unerwartetes Element hinzugefügt, durch das der normale Lebensraum der Menschen in einer überraschend anderen Art und Weise erfahren werden kann.

Das Motto: „Linking Continents – Bridging Cultures“

Die Fabrik soll eine transkontinentale Plattform schaffen, auf der sich internationale Künstler jenseits

vorgefertigter Schranken austauschen und miteinander arbeiten können. Keine Stadt ist hierfür so gut geeignet wie Páfos, betonen die Organisatoren von Páfos 2017. Sie verweisen darauf, dass die Stadt an einem der ältesten Schauplätze der europäischen Kulturgeschichte liegt. Und am Knotenpunkt dreier Kontinente: Asien, Afrika und Europa. Alle europäischen Kulturen der Vorzeit haben Spuren in Páfos hinterlassen und in hohem Maße Einfluss darauf gehabt, was Páfos und Zypern heute ist. Der große Einfluss des Nahen Ostens und Nordafrikas auf die Kultur und Mentalität Zyperns ist ebenfalls an vielen Stellen spür- und erlebbar. Der Einfluss dieser Kulturen und die Abstammung der Zyprer von so vielen Völkern schaffen ein Verständnis und Bewusstsein dafür, ein Bindeglied zwischen Europa und den angrenzenden Nachbarn zu sein. Páfos 2017 greift diese kulturelle Vielfalt auf, möchte sie in einen kreativen Austausch verwandeln, mit der die trennende Kluft in den Köpfen der Zyprer und die Grenzen im Land überwunden werden. Es soll eine Brücke gebaut werden, die die Kulturen Europas, des Nahen Ostens und Afrikas ebenso verbindet wie die auseinandergerissenen Kulturen auf der Insel selbst. Das Motto der Europäischen Kulturhauptstadt 2017 lautet deshalb: „Kontinente verbinden – Brücken zwischen Kulturen schlagen!" („Linking Continents – Bridging Cultures!")

p

Michael Kouloumos

Geburtsjahr: 1975, *Lebt in:* Páfos, *Beruf:* Fotograf
Michael Kouloumos ist in Páfos geboren und aufgewachsen. Um Musik zu studieren ging er nach Sofia, Bulgarien, wo er zwölf Jahre lang lebte. Er liebt klassische Musik, Schildkröten, manchmal Leute und Bäume. In den letzten vier bis fünf Jahren entwickelte er eine Leidenschaft für das Fotografieren, von der er glaubt, dass sie niemals enden wird.

Die Fotos von Michael Kouloumos:
Für Michael Kouloumos ist ein gelungenes Foto eines, das beim Betrachter eine Empfindung gleich welcher Art erzeugt. Hierfür versucht er, seine Empfindungen in einem stillen Bild einzufangen oder die Realität fotografisch so zu verwandeln, dass das Surreale, das die Empfindungen hervorruft, zum Vorschein kommt.

Warum Michael Kouloumos Páfos 2017 für wichtig hält:
„Páfos 2017 kann der weiteren Entwicklung der verschiedenen künstlerischen Aktivitäten und der Kulturszene helfen. Das ist wichtig, denn Kunst bildet und kultiviert die Menschen und dies ist heute ein Muss für die Menschheit. Páfos 2017 kann dazu beitragen, weil sie kultur- und kunstinteressierte Menschen ebenso wie europäische Kunstschaffende, die diesen Gedanken in ihrer Arbeit verfolgen, in der Stadt und auf der Insel zusammenbringt."

Die Schutzpatrone: Aphrodite und Hephaistos

Die aus dem Schaum des Meeres geborene Aphrodite, Göttin der Fruchtbarkeit und der Lust, wurde gemeinsam mit ihrem hässlichen und lahmen Gatten Hephaistos, Gott der Schmiede und des Feuers von den Organisatoren als Schutzpatrone der Europäischen Kulturhauptstadt ausgewählt. Die Wahl fiel auf die beiden legendären Gottheiten, weil beide eng mit den Geschichten und der Geschichte der Stadt Páfos verbunden sind. Beide werden aber auch deshalb als ideale Schirmherren angesehen, weil sie für den Gegensatz zwischen Schönheit und Hässlichkeit stehen und auch Páfos selbst eine Stadt voller Gegensätze ist: Friedliche Nachbarschaft und Hass, Harmonie und Missklänge, Tradition und Moderne, Landwirtschaft und Tourismus, Industrie und ursprüngliche Natur, herrliche Landschaften und Zerstörung der Natur, Einheimische und Touristen, Ober- und Unterstadt. Unter der Schirmherrschaft von Aphrodite und Hephaistos soll die Open-Air-Fabrik der Platz sein, an dem all diese Gegensätze sichtbar und bearbeitet werden.

Eine Fabrik für alle

Alle Menschen in der Stadt können Mitarbeiter in den Produktionsstätten der Open-Air-Fabrik werden. Künstler und Kulturschaffende ebenso wie die einheimische Bevölkerung, Ausländer mit festem Wohnsitz auf Zypern ebenso wie die Touristen, Stadtbewohner ebenso wie die Menschen in den Dörfern des Páfos-Distrikts. Páfos 2017 will keine Kultur für einige wenige schaffen, vielmehr will die Open-Air-Fabrik eine Fabrik zum Anfassen und Mitarbeiten für Kinder, Studenten, Berufstätige und Gruppen griechischer und türkischer Zyprer sein. Ebenso sollen Leute aus Aarhus, der zweiten Europäischen Kulturhauptstadt 2017, aus Großbritannien, Griechenland und anderen Herkunftsländern der in Páfos lebenden Migranten mitwirken können.

Kultur-Produkte

Die europäische Open-Air-Fabrik stellt in den drei Produktionslinien „Mythos und Religion", „Weltenbummler" und „Schritte in die Zukunft" kulturelle Events und Kunstgegenstände her, die sich mit der Schaffung einer offenen, die verschiedenen Kulturen auf Zypern und neue Einflüsse von außerhalb einbeziehenden Haltung und einer gemeinsamen europäischen Identität beschäftigen. Da Páfos eine geteilte Stadt ist, liegen die Fabrik-Zweigstellen weit voneinander entfernt und sind in der ganzen Stadt und der Region verstreut. In der Open-Air-Fabrik soll die bestehende Teilung der Stadt überwunden werden. Sie soll den Beginn einer neuen Ära der Stadtentwicklung markieren, die die Stadt und die sie umgebenden Naturlandschaften als einen schützenswerten öffentlichen Raum betrachtet und gestaltet.

Die hierfür benötigten Rohstoffe sind die Geschichte Zyperns, die kulturellen Identitäten, die

Bräuche und Traditionen, aber auch die Wünsche und Träume, die Ideen für die Zukunft, die Ressentiments und Feindschaften sowie die Widersprüche und Gegensätze in der Stadt und auf Zypern insgesamt. Darauf nehmen die drei Produktionslinien Bezug.

Produktionslinien der Open-Air-Fabrik

Produktionslinie „Mythos und Religion“

Die Produktionslinie „Mythos und Religion“ greift das kulturelle Erbe und die Geschichte der Stadt Páfos auf. Vor allem der Mythos und die Legenden rund um die Liebesgöttin Aphrodite spielen bei den Veranstaltungen und Projekten dieser Linie eine besondere Rolle. Unter dem Schlagwort „Religion“ beziehen sich die Projekte auch auf das mit Páfos 2017 verbundene Ziel der Versöhnung der griechisch-orthodoxen Mehrheit mit der türkisch-muslimischen Minderheit.

Gerade der jahrtausendealte Aphrodite-Kult ist eng mit dem kulturellen Erbe von Páfos verbunden und hat bis heute eine hohe Bedeutung in der Stadt. Wie keine andere steht die Schaumgeborene und ihr aus der Liebschaft mit Kriegsgott Ares hervorgegangene Sprössling Eros, der später als Gott der begehrlichen Liebe verehrt wurde, für die Leidenschaft der Menschen für das „Sich-Verlieben“. Das sei das größte Geschenk der Stadt Páfos an Europa, betonen die Macher von Páfos 2017 in ihrer Bewerbung zur Europäischen Kulturhauptstadt. Auch wenn die Interpretation und die

Bedeutung der Legende um Aphrodite in den Zeitläuften einem ständigen Wandel unterlagen, wurde als eine Konstante stets die kreative Dimension der Liebe als eine inspirierende Erweiterung des Bewusstseins und eine erhebende Geisteshaltung hervorgehoben.

Mit der Themenlinie „Mythos und Religion" greift Páfos 2017 diese Dimension auf und erhofft sich einen kreativen und einfallsreichen Impuls für die Kulturprojekte der Europäischen Hauptstadt 2017.

i

Griechische und römische Götter und ihre Rolle in der Mythologie (Auswahl)

Aphrodite/Venus: Göttin der sinnlichen Liebe, Schönheit und Fruchtbarkeit
Apollon/Apollo: Gott der Jugend, der Heilkunst, des Lichts, der Weissagung, der Dichtkunst und Musik
Ares/Mars: Kriegsgott
Artemis/Diana: Göttin der Jagd, der Geburt und des Mondes
Asklepios/Aesculapius: Gott der Heilkunst
Athene/Minerva: Göttin der Weisheit, der Künste, des Handwerks und des Krieges
Demeter/Ceres: Göttin der Fruchtbarkeit, des Ackerbaus und des Getreides
Dionysos/Bacchus: Gott des Weines und der Ekstase

Anknüpfend an die Geschichte Zyperns und der Stadt Páfos entwickeln die Events dieser Produktionslinie die Themen „Liebe“, „Schönheit“, „Freude“, „Göttlichkeit“ und „Mystik“ weiter. Es sind die Hauptfäden zahlreicher Geschichten und Legenden, die in Páfos ihren Ursprung hatten, sich von dort aus verbreiteten und die heute sowohl von den Zyprern als auch von allen anderen Europäern als integraler Bestandteil der europäischen Kultur angesehen werden.

Info

Erinyen/Furiae: Rachegöttinnen
Eros/Amor, Cupido: Gott der Liebe
Gaia/Tellus: Göttin der Erde
Hades/Pluto: Gott der Unterwelt und des Reichtums
Hephaistos/Vulcanus: Gott des Feuers, Schmied der Götter
Hera/Juno: Göttin der Ehe und Geburt, Zeus-Gemahlin, Oberste Göttin
Hermes/Merkur: Gott des Marktes und des Handels sowie der Diebe, Schutzpatron der Wissenschaft und Erfindung, Götterbote
Kronos/Saturn: Gott des Ackerbaus
Pan/Faunus: Gott der Weiden, Wälder und Herden
Poseidon/Neptun: Gott des Meeres und der Erdbeben, der Pferde
Uranos/Uranus: Gott des Himmels
Zeus/Jupiter: Göttervater, Gott des Blitzes und des Donners

Produktionslinie „Weltenbummler“

Die Kulturprojekte in der Produktionslinie „Weltenbummler“ beschreiben die Beziehungen der verschiedenen Völker, mit denen Páfos als Bindeglied zwischen den Welten im Laufe der Geschichte in Berührung gekommen ist, und die gegenseitige Beeinflussung durch diese Begegnungen. Damit sind in erster Linie Zusammenarbeit, Austausch, Brüderschaft und Koexistenz gemeint, aber auch Streit und Konflikte werden thematisiert. Páfos will sich als zeitloser Begegnungsort zwischen Völkern, Menschen und Kulturen präsentieren, der in modernen Zeiten vor allem auch von Urlaubsgästen wegen seiner Offenheit besucht und geschätzt wird.

Auch hier geht es unter anderem wieder um Aphrodite. Die Göttin sei zuerst als Ishtar (Göttin des Krieges und der sexuellen Lust) im westlichen Asien aufgebrochen, wurde auf Páfos zur hellenistischen Aphrodite und schließlich in Rom und später im gesamten Europa zur Venus. Auf ihrer Reise von Ost nach West machte sie Páfos zu ihrer Stadt, die dadurch auf der Weltkarte erschien. Ein anderer „Weltenbummler“ war der Apostel Paulus, der seine Reise in Tarsus (heutige Türkei) begann und der zwischen Jerusalem, Antioch und Damaskus hin und her reiste und schließlich vor Páfos ankerte, wo er seine transkontinentale Missionsreise begann. Von Páfos aus segelte er unter anderem nach Kleinasien, nach Griechenland, Italien, Frankreich und Spanien. Die

ΜΕ ΤΙΣ

Fahrten und die Mission des „Apostels der Nationen“ hatten einen großen Einfluss auf die Christianisierung und somit auf die Kultur Europas.

Die Geschichte der Stadt Páfos selbst wurde ebenfalls von zahlreichen „Weltenbummlern“ geprägt. Überfälle, Kriege und Eroberungen durch Afrikaner, Asiaten und Europäer haben aus Páfos einen multikulturellen Schmelztiegel gemacht, zu dem viele unterschiedliche Kulturkreise ihr Mosaiksteinchen beigesteuert haben.

Die Weltenbummler von heute sind die zahlreichen Ausländer mit Wohnsitz in Páfos und die Touristen, die den mythischen und historischen Besuchern folgen. Tourismus ist, speziell von Frühling bis Herbst, omnipräsent in Páfos. Die Touristen kommen zumeist aus Zentral- und Nordeuropa auf der Suche nach Sonne, Meer und Spaß und nach den einzigartigen archäologischen Schätzen. Einigen der Touristen, oft aus Osteuropa, gefällt es in der Stadt so gut, dass sie sich dazu entschließen zu bleiben und Páfos zu ihrem neuen Zuhause zu machen. Andere entschließen sich dazu, sich hier zur Ruhe zu setzen und den Rest ihres Lebens in dieser idyllischen Ecke Zyperns zu verbringen. Die Dauergäste mit Wohnsitz in der Stadt leben zumeist in eher isolierten Gemeinschaften unter sich.

Mit den Events der Produktionslinie „Weltenbummler“ unternimmt Páfos 2017 den Versuch, die ethnischen Gruppen und Gemeinschaften in Projekten zusammen zu bringen und die gemeinsamen Werte sowie eine europäische Identität zu betonen.

Produktionslinie „Schritte in die Zukunft“

In der dritten Produktionslinie „Schritte in die Zukunft“ geht es um die Gegenwart und Zukunft der Stadt und der Insel Zypern. Es wird der Wert der heutigen technisierten Welt, aber auch die damit verbundenen Probleme wie Umweltverschmutzung und Globalisierung reflektiert und künstlerisch beschrieben. In ihrer sechstausendjährigen Geschichte kann Páfos auf vielfältige Erfahrungen mit verschiedenen Kulturen zurückblicken, die die interkulturelle Ausrichtung der Stadt geprägt haben. Diese Erfahrungen fließen in die Kulturprojekte dieser Produktionslinie ein. Die Veranstaltungen und Projekte nutzen diese Erfahrungen, um Páfos selbst spürbar kulturell, sozial und ökonomisch voranzubringen und gleichzeitig die Zukunft Europas zu unterstützen. Die Projekte zeigen Träume und Hoffnungen, Initiativen und Ideen eines zukünftigen Wandels.

Mit „Schritte in die Zukunft“ wird vor allem die junge Generation angesprochen. Man erhofft sich von ihr eine offene und zugleich auch kritische Haltung den aktuellen Herausforderungen Zyperns und Europas gegenüber. Und man erhofft sich, dass sie die Zukunft Europas aktiv und positiv mitgestalten. Ein wichtiges Thema, das in den Veranstaltungen behandelt werden soll, ist der Umweltschutz. So bedeutsam der Massentourismus für Páfos ist, stellt seine rapide Ausdehnung auch eine schwere Last für die Umwelt, das kulturelle Erbe und die Traditionen der hier lebenden Menschen dar. Er unterdrückt das Gefühl von Identität und Zusammengehörigkeit. Páfos 2017 initiiert aus einer kulturellen Verantwortung heraus eine aktive Zusammenarbeit mit den zyprischen Umweltbehörden, um Umweltschutz voranzutreiben und die natürlichen und kulturellen Ressourcen der Region zu schützen. Darüber hinaus wird durch verschiedene Bildungsprogramme die Sensibilisierung für Umweltfragen und die Umwelterziehung gefördert. Ein besonderes Augenmerk liegt auf dem Schutz des einzigartigen Ökosystems des Akamas-Nationalparks und auf der Schaffung von neuen Zugängen von der Stadt zum Meer, das wegen der Vielzahl von Hotelkomplexen an der Küste nur an wenigen Stellen erreichbar ist. Dies hat den Charakter der Stadt grundlegend verändert.

Neben den ökologischen Aspekten spielt auch die Zukunft der beiden zyprischen Gemeinschaften, der griechisch-zyprischen und der türkisch-zyprischen, eine Rolle. Infolge der Ereignisse von 1974 habe Páfos, so beschreiben es die Organisatoren der Europäischen Kulturhauptstadt in ihrer Bewerbung, einen Teil ihrer Iden-

tität verloren. Durch die Abwesenheit türkischer Zyprer und die leeren Räume, die sie in der Stadt hinterlassen haben, habe Páfos bis heute Schaden genommen. Dies jedoch sei eine „versteckte Wunde“ und nichts, worüber die Leute sprächen. Die Entwicklung eines interkulturellen Dialogs beider Gemeinschaften soll beispielgebend sein für die Lösung anderer Konflikte auf der Welt.

Ergänzt werden diese drei Produktionslinien um Forschungslabors (Konferenzen, Foren Workshops), in denen Zukunftsfragen erörtert und auf praktische, künstlerische und kreative Weise Lösungsvorschläge zu wichtigen europäischen Schlüsselfragen entwickelt werden sollen. Solche Fragen und Themen können sein: „*Was sind europäische Werte und wie können wir sie schützen ohne ausgrenzend zu werden?*“, „*Wie können die Konflikte zwischen verschiedenen ethnischen Gruppen lösen?*“, „*Wie gehen andere in Europa mit Stadtentwicklung um und was können wir von ihnen lernen?*“

Da es sich um eine europaweit tätige Fabrik handelt, errichtet die Open-Air-Fabrik Zweigstellen in Aarhus, Dänemark, der zweiten Europäischen Kulturhauptstadt 2017, sowie in London, wo die größte zyprische Auswanderer-Gemeinschaft lebt.

Touristische Highlights in Páfos und Umgebung zur Themenlinie „Mythos und Religion“

Archäologischer Park

Káto Páfos, Eingang am Hafen, tgl. April–August 8:00–19:30 Uhr, Sept–März 8:00–17:00 Uhr, Eintritt: 4,50 €

Im weitläufigen, umzäunten Ausgrabungsgebiet des Archäologischen Parks direkt hinter den Hafengebäuden am Meer liegen die antiken römischen Villen mit ihren berühmten Bodenmosaiken. Sie bilden rund ein Drittel der antiken Stadt und gehören heute zum UNESCO-Weltkulturerbe. Die einzelnen Gebäude sind nach den mythologischen Figuren benannt, die auf den Mosaikböden zu sehen sind. Über die Besitzer dieser Häuser ist indessen nur wenig bekannt. In den verschiedenen Häusern und im Außengelände wandern die Besucher teilweise auf hölzernen Galerien; die Götterwelt liegt ihnen so buchstäblich zu Füßen.

Der Rundgang beginnt wenige Meter hinter dem Eingang an einem schmucklosen *Visitor Centre*, das einige allgemeine Informationen über die Entdeckung der antiken Stadt und die Ausgrabungen vermittelt und einzelne Funde vom Neolithikum bis in das Mittelalter zeigt.

Bei der *Villa des Aion* handelt es sich um Reste eines kleineren, im 4. Jahrhundert nach Christus

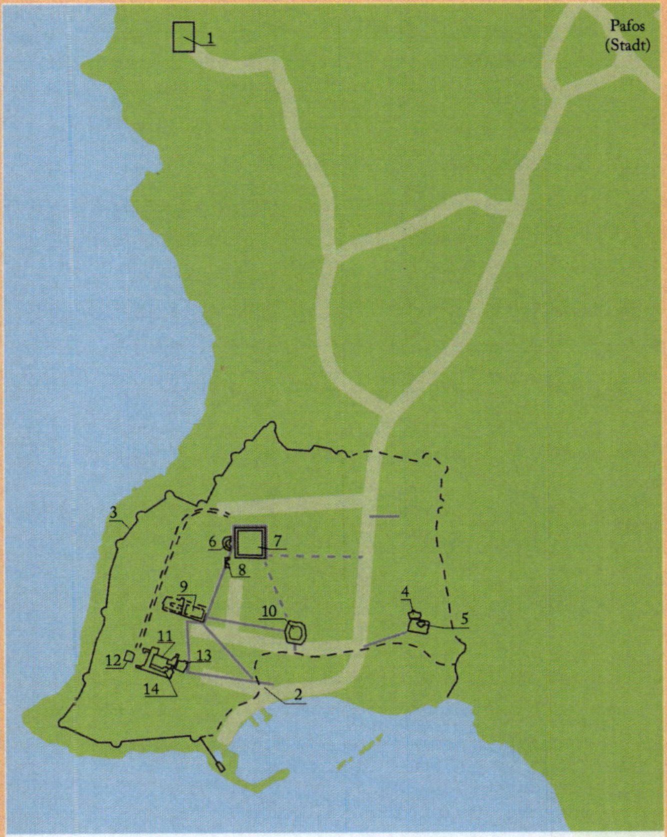

1	Königsgräber	8	Asklepieion
2	Eingang	9	Villa des Dionysos
3	Stadtmauer	10	Kastell Saránda Kolónnes
4	Gothische Kirche	11	Villa des Theseus
5	Panaghia Chrysopolitissa	12	Villa des Orpheus
6	Odeon	13	Villa des Aion
7	Agora	14	Achilles-Mosaik

errichteten Bauwerkes, das vor dem Statthalterpalast (Villa des Theseus) liegt. Es wurde 1983 von polnischen Archäologen entdeckt. Die Bodenmosaiken in der Empfangshalle sind sowohl in handwerklicher und künstlerischer Hinsicht Meisterwerke römischer Mosaikkunst. Die Mosaikbilder, die mit maximal fünf Millimeter großen viereckigen, mehreckigen und runden Steinlättchen (sog. Tesserae) gestaltet sind, vermitteln eine Plastizität und Bewegung, die ihresgleichen sucht. Demgegenüber wirken die Mosaike in den anderen Häusern statisch und zweidimensional.

In der Empfangshalle sieht man drei Bildstreifen, in denen fünf Szenen dargestellt sind. Im oberen Bildstreifen ist links Leda mit Zeus zu sehen, der sich in einen Schwan verwandelt hat. Daneben findet man Dionysos auf dem Schoß des Götterboten Hermes. Um beide Szenen herum sind die personifizierte Göttergeburt Theogonia, Nektar, die personifizierte Götterspeise Ambrosia und ein alter Mann namens Tropheus („Ernährer") abgebildet. Gegenüber bereiten fünf bekränzte Nymphen ein Bad für Dionysos, den Gott des Weines. Der mittlere Bildstreifen stellt einen Schönheitswettbewerb zwischen den Töchtern des Meeresgottes und der äthiopischen Königin Kassiopeia dar. Hier erkennt man auch den Gott der ewigen Zeit, Aion, nach dem das Haus benannt wurde. Im unteren Bild sieht man den Triumphzug des Dionysos. Die Bildfolge schließt mit dem Flötenwettbewerb zwischen Apoll und dem Satyr Marsyas.

Die *Villa des Theseus* wurde in den 1960er Jahren ebenfalls von polnischen Archäologen, entdeckt und erschlossen. Es war vermutlich der fast 10.000 Quadratmeter große Palast des römischen Statthalters. Kern des Palastes ist ein weiter Innenhof, um den sich über 100 kleinere Räume reihen. Der Palast wurde im 2.Jahrhundert nach Christus erbaut und blieb bis ins 7.Jahrhundert bewohnt. Einige der Mosaike sind zeitweise zum Schutz vor Zerstörung mit einer Erdschicht bedeckt.

Das bedeutendste Mosaik der Villa grenzt unmittelbar an den Innenhof an (Raum 36). Auf dem Boden eines runden Wasserbeckens betrachtet man ein kreisförmiges Mosaik, dessen Rand als Labyrinth gestaltet ist. In der Mitte steht der mythische Held Theseus, König von Athen, der gerade mit einer Keule zum Schlag gegen den Minotaurus ausholt. Die Personifikationen von Kreta und Labyrinthos sowie seine Geliebte Ariadne umgeben Theseus und schauen dem Kampf zu.

Ein ebenfalls eindrucksvolles und sehr gut erhaltenes Mosaik zeigt das Bad des Achill. Links im Bild sieht man den griechischen Heros, der als kleines Kind von seinen Ammen Ambrosia und Nektar zum ersten Mal gebadet werden soll. Hinter dem Wasserbecken steht seine Mutter Thetis, rechts daneben thront sein Vater Peleus. Im rechten Bildteil stehen die Göttinnen des Schicksals Klotho, Lachesis und Atropos, die mit ihren Attributen Spindel, Schriftrolle und Schere das unabwendbare Schicksal verkörpern. Bekanntlich tauchte Thetis ihren Sohn in die Fluten des Unterweltflusses Styx, um ihn auf diese Weise unverwundbar zu machen. Die Ferse jedoch, an der sie ihn festhielt, blieb ungeschützt und eben an dieser Stelle traf ihn dann später der tödliche Pfeil des Paris.

Ein weiteres Mosaik in der Theseus-Villa stellt den thrakischen Sänger Orpheus dar, wie er mit seinem Lyra-Spiel die magische Kraft der Poesie und des Gesangs entfacht und so verschiedene Tiere, die sich um ihn scharen, zähmt und verzaubert. In Richtung Meer am Rande des ehemaligen Palasts gelegen findet sich schließlich das Poseidon-Mosaik, das den Meeresgott mit Dreizack zeigt, als er auf einem Seeungeheuer durch sein Reich reitet. Seine Gattin Amphitrite hält er dabei liebevoll umschlungen.

In der um das Jahr 200 nach Christus entstandenen *Villa des Dionysos* wurden zwischen 1962 und 1965 besonders viele gut erhaltene Mosaike entdeckt. Sie beschäftigen sich mit typischen Themen der römischen Oberschicht in der Kaiserzeit und zeigen vor allem Jagd-, Kampf- und Liebesszenen. Zum Schutz der Mosaike im größten Haus auf dem Gelände wurde der Repräsentationstrakt (insgesamt 2.000 Quadratmeter) mit einem modernen Schutzdach überdeckt.

Das Haus steht auf einem hellenistischen Vorgängerbau, von dem gleich am Eingang in Raum 1 noch ein schwarz-weißes Kieselmosaik mit der Darstellung der grimmig dreinblickenden Skylla zu sehen ist. Das Motiv der Skylla mit ihrem Hundekopf, dem Drachenschwanz und den Füßen mit Hummerscheren stammt aus der Odyssee Homers.

Im nächsten Mosaik stößt man wieder einmal auf Aphrodite: es zeigt den schönen Jüngling Narziss, der so selbstverliebt war, dass er die Nymphe Echo verschmähte, die daraufhin vor Kummer starb. Zur Strafe ließ ihn Aphrodite sich in Sehnsucht nach sich selbst verzehren, bis er sich in eine Blume verwandelte – die Narzisse.

Ein weiteres Eingangsmosaik zeigt die Mutter Erde und Personifikationen der vier Jahreszeiten, ein Thema das auf römischen Mosaiken häufig behandelt wird. Danach stößt man in der Empfangshalle auf das große Dionysos-Mosaik: Der alte Silen führt zwei Panther, die den Wagen des Dionysos ziehen. Der Gott thront recht entspannt auf seinem Prunkwagen, ein Satyr trägt einen großen Weinkrug und einen Weinschlauch, dem man die Herkunft des Tierfells noch deutlich ansieht. Der Satyr scheint gerade auf den Wagen zu Dionysos hinaufsteigen zu wollen. Dasselbe Motiv findet sich auch (in deutlich schlechterem Zustand) im großen Mosaik im Haus des Aion.

Es folgen die drei Mosaiken „Pyramos und Thisbe", Ikarios und Dionysos" und „Apollon und Daphne". Das erste Mosaik erzählt die tragische Geschichte der babylonischen Nachbarskinder. Weil ihre Eltern verfeindet waren, verboten sie dem jungen Liebespaar jeglichen Kontakt. Sie verabredeten sich daher heimlich in der Nacht. Eines Tages, so berichtet es erstmals Ovid in den „Metamorphosen“ traf Thisbe früher beim Treffpunkt unter einem Maulbeerbaum ein. Sie wird von einer Löwin überrascht, die an einer Quelle trinkt und vom Fressen noch ein blutiges Maul hat. Thisbe flieht und verliert dabei ihren Schleier, der von der Löwin zerrissen und mit Blut beschmiert wird. Als Pyramus eintrifft, findet er den Schleier und nimmt an, dass seine Geliebte von der Löwin getötet worden sei. Aus Verzweiflung stürzt er sich unter dem Maulbeerbaum in sein Schwert. Als Thisbe zurückkehrt, findet sie Pyramos und stürzt sich ebenfalls in das Schwert. Das Blut der Liebenden tränkt die Wurzeln des Maulbeerbaums, die Beeren, die bis dahin weiß waren, haben als Zeichen der Trauer von nun an für immer eine dunkelrote Farbe. Die Eltern der beiden erfüllen posthum ihren Wunsch, für immer zusammen zu sein, indem sie ihre Asche in dieselbe Urne füllen. Auf dem Mosaik sieht man nur Szene, in der Thisbe den Toten Pyramos findet. Dieser ist nicht als Jüngling, sondern als Personifikation des kleinasiatischen Gottes gleichen Namens zu sehen.

Im nächsten Bild erkennt man erneut den mit Weinlaub bekränzten Dionysos, der mit beiden Händen Weintrauben hält. Ihm gegenüber sitzt die attraktive Akme (wörtlich: „Höhepunkt“), ebenfalls mit Weinlaub bekränzt, und kostet den Wein aus einer Schale. Der Athener König Ikarios, der von Dionysos

ΑΝΑΤΡΟ
ΦΗ

ΔΙΟΝΥCΟC

den Weinanbau gelernt hatte, weist mit dem rechten Arm auf Akme und macht so auf die Vorzüge des Weingenusses aufmerksam. In seiner Linken hält er die Zügel zweier Ochsen, die einen mit Weinschläuchen beladenen Wagen ziehen. Rechts im Bild wird auf die Gefahren des Trinkens hingewiesen. Zwei Hirten haben sich ordentlich betrunken und torkeln herum. Der Legende nach haben die beiden Trunkenbolde Ikarios umgebracht, weil sie glauben, der König habe sie mit dem Wein vergiftet.

Rechts davon schließen sich Mosaiken an, die Aspekte der Liebe aufgreifen. Zunächst ist Poseidon, erkennbar an seinem Dreizack, zu sehen, der von links mit raschem Schritt auf die ihn rufende Amymone, eine Tochter des Danaos, zueilt. Sie hatte aus Versehen einen schlafenden Satyr aufgescheucht, der sie nun belästigt. Poseidon rettet sie, worauf sie sich ihm hingibt. Diese Hingabe ist das Werk des Eros, der auf dem Mosaik mit einem kleinen Sonnenschirm auf Amymone zufliegt.

Im nächsten Bild flieht Daphne vor dem sie bedrängenden Apollon. Daphne entgeht dem Liebeswerben Apollons, indem sie ihren Vater darum bittet, sie in einen Lorbeerbaum zu verwandeln. Das Mosaik zeigt Daphne in der Phase der Verwandlung: Bis zu den Oberschenkeln ist sie bereits von Rinde umhüllt, aus der Zweige mit Lorbeerblättern sprießen. Ungläubig weist der herankommende Apollon mit seinem rechten Zeigefinger auf Daphnes Verwandlung hin.

Die tragische Liebe Phädras, der zweiten Frau des Theseus, zu ihrem Stiefsohn Hippolytos behandelt das nächste Mosaik. Das Mosaik zeigt einen Eros mit hämischem Grinsen, der die Leidenschaft Phädras entfacht. Ihr Stiefsohn hält in der rechten Hand eine Tafel, auf der ihm Phädra ihre Gefühle für ihn gestanden hat. Da er diese nicht erwidert, wendet er sich von ihr ab. Die Geschichte endet tragisch: Phädra behauptet gegenüber Theseus, sein Sohn habe sie bedrängt. Theseus bittet Poseidon, seinen Sohn zu töten, was dieser auch tut, indem er einen weißen Stier aus dem Meer schickt, als Hippolytos mit einem Pferdegespann am Strand entlang fährt. Die Pferde scheuen, der Wagen kippt um und Theseus Sohn findet den Tod. Seine Stiefmutter begeht anschließend Selbstmord.

Im letzten Mosaik ist die Entführung des Hirtenknaben Ganymed durch den als Adler verwandelten Zeus dargestellt. Zeus bringt den hübschen Jüngling, der auf dem Mosaik abgesehen von einer Mütze nackt ist, auf den Olymp. Dort wird Ganymed der Geliebte und Mundschenk des Göttervaters.

Außer dem Besuch der Wohn- und Repräsentationshäuser lohnt auch ein ausgiebiger Spaziergang über das Ausgrabungsgelände. Dabei trifft man unterhalb des modernen Leuchtturmes auf ein *Odeon*, auf dessen rekonstruierten 25 Stufen rund 3.000 Zuschauer Platz fanden und das im Rahmen von Páfos 2017 als stilvolle Kulisse für kulturelle Open-Air-Veranstaltungen genutzt wird.

Auf dem Weg zurück zum Ausgang stößt man auf die Überreste des fränkischen *Kastells Saránda Kolónnes* (= „40 Säulen"). Sie wurde ab 1192 auf Grundmauern eines byzantinischen Forts von Kreuzfahrern errichtet. Schon 30 Jahre später wurde das Kastell bei einem Erdbeben zerstört. Der quadratische Grundriss wies außen acht kleine Bastionen und vier Türme auf. Innen kann man einige Latrinen und Waschanlagen erkennen, außerdem Futterkrippen, einen Baderaum und Reste zweier wahrscheinlich von Eseln angetriebenen Mühlen.

Königsgräber

Káto Páfos, Táfon ton Vasiliéon, April–Mai 8:00–18:00 Uhr, Juni–Aug. 9:00–19:30 Uhr, Sept./Okt. 8:00–18:00 Uhr, Nov.–März 8:00–17:00 Uhr, Eintritt: 1,70 €

Die gut zwei Kilometer außerhalb der Stadtmauer unmittelbar am Meer gelegene Nekropole, die im 3. Jahrhundert vor Christus entstand und bis ins 4. Jahrhundert nach Christus für Bestattungen verwendet wurde, ist das bedeutendste Architekturdenkmal Zyperns aus der hellenistischen Zeit. Der gebräuchliche Name „Königsgräber" ist ein wenig irreführend, da hier zu keiner Zeit Könige, sondern höhere Verwaltungsbeamte der Pharaos von Ägypten ihre letzte Ruhestätte fanden. Das weitläufige Gräberfeld ist heute von zahlreichen Hotels und der unmittelbar vorbeiführenden Durchgangsstraße „Táfon ton Vasiléon" (Tombs of the Kings-Road) eingeschlossen.

Der in Ägypten gebräuchliche unterirdische Grabbau wurde in den Königsgräbern von Páfos mit griechischen und römischen Architekturelementen ergänzt. Vom Eingang führt der Weg zu insgesamt acht Gräbern. Die beiden am besten erhaltenen sind die Peristyl- oder Kolonadengräber 3 und 4. Bei beiden führt eine steile Treppe mit zwölf bzw. 13 Stufen hinunter in einen quadratischen Innenhof. Bei den Archäologen umstritten ist, ob dieser offen oder geschlossen war. Der Innenhof ist wie in einem römischen Wohnhaus eingerahmt von Säulengängen, die dorische Kapitelle und dorisches Gebälk tragen. Große Teile des Atriums wurden direkt aus dem Fels gehauen. Vom Atrium aus wurden die einzelnen Grabkammern in die Wände gemeißelt. In den Grabkammern wiederum führen Grabnischen in die angrenzenden Felsen.

In anderen Gräbern findet man zusätzlich noch Schachtgräber im Boden. Die Innenwände waren verputzt und zum Teil mit Stuck verziert und bemalt. Häufig befindet sich auch eine Zisterne in den Grabanlagen, eventuell um für die Bestattungsrituale deren Wasser nutzen zu können. Die Toten wurden in asbestbeschichtete Leinentücher eingewickelt und in einem Holzsarg bestattet. Je nach Rang gab man den Toten Tonamphoren, Schmuck und andere Reliquen als Grabbeigaben mit.

Paulussäule und Agía Kyriakí

Káto Páfos, Theoskepasti, ganztägig geöffnet, Eintritt frei

Auf dem Ruinengelände, über das man auf einem Holzsteg geleitet wird, fällt zuerst die spätbyzantinische Kreuzkuppelkirche Agía Kyriakí auf. Der Holzsteg führt zunächst an einigen gotischen Bögen und Gewölberippen vorbei. Es sind dies die Überreste der spätmittelalterlichen katholischen Franziskanerkirche. Unterhalb von ihr stehen und liegen römische Säulen, die zu einer in frühchristlicher Zeit erbauten zunächst sieben-, später fünfschiffigen Basilika gehörten. Auch das große Atrium mit Resten von Bodenmosaiken und ein Reinigungsbrunnen sind noch erkennbar. Der Holzsteg führt den Besucher schließlich zur Agía Kyriakí, deren schlicht gehaltenes Inneres ebenfalls besichtigt werden kann. Von dort schließlich führt der Steg wieder zum Ausgangspunkt zurück. Am Ende des Rundgangs gelangt man schließlich zur sogenannten Paulussäule. Wer allerdings eine große, überwältigende Säule erwartet, wird sie nur schwer finden. Es handelt sich vielmehr um einen unscheinbaren Säulenstumpf aus Marmor inmitten eines umzäunten Ruinenfelds. Für die Orientierung sind die Worte einer jungen Frau hilfreich, die beim Betrachten der Säule ihrer Mitreisenden zuraunte: „Sieht ein wenig aus wie ein Dildo.“ Wie auch immer, die Legende besagt, dass der Apostel Paulus während seiner ersten Missionsreise an dieser Säule gefesselt und gefoltert wurde. Belegt ist dies jedoch weder durch die biblische Apostelgeschichte noch durch andere Quellen.

i

Die erste Missionsreise des Apostel Paulus

Es gibt keinen Beleg dafür, dass der Apostel Paulus in Páfos an eine Säule gefesselt und gefoltert wurde. Immerhin führte seine erste Missionsreise nach Páfos auf Zypern. Nicht viele Städte können für sich in Anspruch nehmen, in der Heiligen Schrift erwähnt zu werden:

Auf der Insel Zypern
4 Diese nun, wie sie (Barnabas und Saulus) ausgesandt waren vom heiligen Geist, kamen sie gen Seleucia, und von da schifften sie gen Zypern. 5 Und da sie in die Stadt Salamis kamen, verkündigten sie das Wort Gottes in der Juden Schulen; sie hatten aber auch Johannes zum Diener.
6 Und da sie die Insel durchzogen bis zu der Stadt Paphos, fanden sie einen Zauberer und falschen Propheten, einen Juden, der hieß Bar-Jesus; 7 der war bei Sergius Paulus, dem Landvogt, einem verständigen Mann. Der rief zu sich Barnabas und Saulus und begehrte, das Wort Gottes zu hören. 8 Da widerstand ihnen der Zauberer Elymas (denn also wird sein Name gedeutet) und trachtete, dass er den Landvogt vom Glauben wendete. 9 Saulus aber, der auch Paulus heißt, voll heiligen Geistes, sah ihn an 10 und sprach: O du Kind des Teufels, voll aller List und aller Schalkheit, und Feind aller Gerechtigkeit, du hörst nicht auf, abzuwenden die rechten Wege des Herrn; 11 und nun siehe, die Hand des Herrrn kommt über dich, und du sollst blind sein und die Sonne eine Zeitlang nicht sehen! Und von Stund an fiel auf ihn Dunkelheit und Finsternis, und er ging umher und suchte Handleiter.
12 Als der Landvogt die Geschichte sah, glaubte er und verwunderte sich der Lehre des Herrn.

Grotte der heiligen Solomoni

Káto Páfos, Agias Kyriakis/Apostolou Paulou, ganztägig geöffnet, Eintritt frei

Schon von weitem fällt ein merkwürdiger anmutender Baum auf, an dessen Ästen unzählige Tücher geknotet sind. Von dort führt eine moderne Treppe hinunter zur Grotte, die aus zwei Räumen besteht. Am Fuß der Treppe befindet sich ein Lichtschalter, mit der die Grotte beleuchtet werden kann. Hier wird die jüdische Märtyrerin Solomoni verehrt, die 166 v. Chr. beim Makkabäer-Aufstand ums Leben kam. Nach der Christianisierung Zyperns wurde auch das Heiligtum von den Christen übernommen. Solomoni soll bei Augenleiden helfen, die Gläubigen knoten als Symbol eines Bittgebets Tücher an die Äste der Terpentinpistazie, ein Brauch, der auf heidnische Wurzeln zurückgeht und bei christlichen Heiligtümern im Nahen Osten häufig anzutreffen ist. In den Grotten selbst stellen die Pilger Kerzen und Heilgenbilder auf und hinterlassen auf handgeschriebenen Zettel ihre Bittgebete. An den Wänden der Grotte sind (stark zerstörte) Reste von Fresken aus dem 12. Jahrhundert zu erkennen.

Pétra toú Romioú (Aphrodite-Felsen)

Zwischen Koúklia und Pissouri, Parkplatz auf der meerabgewandten Straßenseite. Eine Fußgängerunterführung führt an einem russisch geführten Café/Snackrestaurant vorbei von dort direkt zum Strand, Eintritt frei

Fährt man auf der malerischen Küstenstraße von Koúklia Richtung Pissouri, gelangt man nach einigen Kilometern zu einer herrlich gelegenen, unverbauten Bucht mit Kieselstrand und blauem Meerwasser, in dem wie hineingeworfen mehrere Kalksteinfelsen liegen. Hier soll Aphrodite, die Schaumgeborene, einst den türkisfarbenen Fluten des Mittelmeeres entstiegen sein.

Dass ausgerechnet Pétra toú Romioú der Geburtsort der Göttin sein soll, ist nicht verbürgt, sondern eine moderne Legende, die erst nach dem Zweiten Weltkrieg populär wurde. In historischen Landkarten ist der Ort nirgends verzeichnet, auch bei Hesiod erfährt der Leser hierzu nichts Näheres, lediglich dies: „Blüten sprossen unter den Schritten ihrer Füße." Hat man aber die Märchenreise in die Antike einmal angetreten, sollte man, wie viele andere Reisende auch, nicht zögern, den alten und neuen Legenden über die Tummelplätze der Götter Glauben zu schenken. In Vollmondnächten jedenfalls geht es am Aphrodite-Felsen zu wie im städtischen Freibad. Dutzende junger Paare schwimmen dann um den Felsen. Wer ihn dreimal umrundet, wird mit ewiger Liebe belohnt, erzählt die moderne Legende weiter.

Der größte Felsbrocken in der Bucht ist der Pétra toú Romioú, dem die Bucht ihren Namen verdankt. Der Legende nach soll der byzantinische Held Digenis Akritas, Hauptpfigur und Namensgeber des wichtigsten byzantinischen Heldenepos aus dem 10. Jahrhundert, den „Stein des Römers" hier ins Meer geworfen und so die plündernden Schiffe der Sarazenen zerstört haben. Digenis Akritas wird bis heute auf Zypern als Held verehrt, auch Partisanenführer Geórgios Grivas operierte zeitweise unter dem Decknamen „Digenis". Der irreführende Name erklärt sich daraus, dass die Byzantiner sich als Nachfahren der Ost-Römer selbst „Romäer" nannten.

Vom Felsen aus führt ein recht neuer Lehrpfad in Richtung Norden entlang der Küste, der in etwa einer Stunde zu bewältigen ist.

Aphrodite-Heiligtum mit Museum in Koúklia

Koúklia, Beschilderung: „Aphrodite Sanctuary" folgen, ganzjährig geöffnet, tgl. 8:00 – 16:00 Uhr, Do bis 17:00 Uhr, Eintritt: 4,50 €

Rund 15 Kilometer östlich von Páfos und nur eine Viertelstunde von dem Strand entfernt, an dem Aphrodite dem Meer entstiegen sein soll, liegt das Dorf Koúklia Hier lag einst Alt-Paphos, die Hauptstadt des zyprischen Königreichs Paphos, mit ihrem berühmten Aphrodite-Heiligtum, das Menschen im ganzen Ostmittelmeerraum anzog. Die Bauten des Heiligtums gehen zwar nur bis ins 12. Jahrhundert vor

Christus zurück, eine Fruchtbarkeitsgöttin wurde jedoch schon im 4. Jahrtausend vor Christus verehrt. Es war eines der berühmtesten Heiligtümer im antiken Zypern und gilt als das Zentrum der Aphrodite-Verehrung im gesamten griechischen Altertum.

Hierher zogen über 1.500 Jahre lang zahlreiche Pilger, um der Göttin der Liebe zu huldigen. Anders als in griechischen Heiligtümern gab es keinen Tempel. Aphrodite wurde in einem offenen Hof an einem Altar gehuldigt. Als Opfergaben brachte man ihr Balsam, Honig, Parfums, Weihrauch und vermutlich auch Tieropfer.

Mit den Opfern zu Ehren der Göttin der Liebe war das so eine Sache. In seiner Geschichte Griechenlands schrieb Herodot vor zweieinhalbtausend Jahren, dass die Priester in der Pilgerstätte eine heute seltsam anmutende Art von Prostitution zelebriert haben sollen. Jede Frau des Königreichs Paphos, gleichgültig welchen Alters, habe der Aphrodite zu dienen, indem sie sich einmal in ihrem Leben in das Heiligtum begeben und sich einem Fremden hingeben. Im Heiligtum angekommen harrten die Frauen mit einem geflochtenen Seil um ihr Haupt solange im Tempel aus, bis ihr ein Freier Münzen in den Schoß warf als Zeichen, dass er sie begehrte. „Ich rufe dich zum Dienst an der Göttin!" hieß es, und die Frauen hatten zu folgen. Die Geldsumme war unerheblich: „Das Geld nun kann viel oder wenig sein; sie wird es nicht zurückweisen, denn das darf sie nicht; das Geld ist geweiht. Wer es zuerst hinwirft, dem folgt sie und wird keinen verschmähen.", beschreibt Herodot die Prozedur. Die Priester kassierten die Münzen, die Frauen gaben sich als Weihgeschenk an Aphrodite den Männern hin. Erst dann durften sie wieder nach Hause. „Alle die hübsch waren und gut gewachsen, sind bald fertig“, kommentiert Herodot den Vorgang, „doch die Hässlichen mussten lange warten, einige drei bis vier Jahre.“ Eine alte Geschichte. Ob sie auf Tatsachen beruht wird in der historischen Forschung heute heiß diskutiert. Vielleicht entsprangen Texte wie der von Herodot vor allem der Fantasie des antiken Geschichtsschreibers oder seinem „polemischem oder erzählerisch-unterhaltendem Interesse auch an der Exotik anderer Völker“ (Renate Jost), ohne dass die Schilderungen historisch belegt waren.

Als Aphrodite verehrt wurde anfangs offenbar nicht eine kunstvolle Statue, wie sie etwa die Römer schufen, sondern ein schlichtes anikonisches Kultobjekt, das in verschiedenen Quellen als „weiße Pyramide aus unbekanntem Material“ beschrieben wurde. Die anikonische Verehrung einer Gottheit ist ein Überbleibsel aus einer Zeit, als man sich die Gottheiten noch nicht in Menschengestalt vorstellte. Als Archäologen in der Nähe des Heiligtums tatsächlich einen konischen Stein fanden, wurde dies als Sensation gefeiert. Der Stein war jedoch nicht weiß, sondern schwarz. Vielleicht, so wird vermutet, wurde er mit weißen Tüchern umhüllt.

Im *Museum auf dem Gelände des Aphrodite-Heiligtums*, untergebracht in der von den Lusignans errichteten fränkischen Festung Covocle aus dem 13. Jahrhundert, ist der Stein neben vielen weiteren Grabungsfunden ausgestellt. Zu sehen ist dort auch das berühmte Mosaik „Leda mit dem Schwan“, das in einer römischen Villa nahe dem Heiligtum gefunden wurde. Außerdem ist dort – neben einigen interessanten Kult- und Alltagsgegenständen der Kypro-Archaik – ein großer steinerner Sarkophag aus dem 5. Jahrhundert vor Christus zu bestaunen, der mit homerischen Szenen geschmückt ist. Da sind die Pferde Homers abgebildet, oder das Bild, in der die Gefolgsmänner Odysseus, verborgen unter den Bäuchen von Schafen, dem Zyklopen entfliehen. Die Sensation: Die Farbe auf dem Sarg hat sich bis heute erhalten. Erst 2006 hat man das Stück nahe Koúklia entdeckt.

Das Museum mit seinen in zwei Räumen ausgestellten erstklassigen Objekten ist das eigentliche Ziel eines Besuchs in Koúklia. Draußen, vor dem Museum, erblickt der Besucher eine relativ ebene Fläche mit einigen Grundmauern aus römischer Zeit, Resten von Steinwänden, wenigen Mosaiken, gewaltigen Steinplatten als Bodenbelag – viel mehr ist vom Aphrodite-Heiligtum nicht übrig geblieben. Einst bestand es aus zwei von Begrenzungsmauern umgebenen Höfen. Der erste Hof stammt aus der späten Bronzezeit, der zweite aus

der römischen Epoche. Die Pilgerstätte wurde zunächst von Engländern, nach dem zweiten Weltkrieg von Archäologen der Universität Zürich ausgegraben.

Direkt neben den Resten des Aphrodite-Heiligtums von Alt-Paphos steht die kleine griechisch-orthodoxe Kirche aus dem Mittelalter. Im 4. Jahrhundert haben die Christen den Aphrodite-Kult verboten. Es hat nichts geholfen: bis ins 20. Jahrhundert hinein trug die Kirche, die zur Abwehr böser Geister mit Schnüren umwickelt ist, den Namen der Panagiá Aphroditíssa (Allheilige Aphrodite). Und noch heute beten Frauen in dem Gotteshaus, wenn sich Kindersegen nicht einstellen mag.

Bad der Aphrodite

Loutrá tis Afroditis, ganzjährig geöffnet, Eintritt frei

Am nordwestlichen Zipfel der Ákamas-Halbinsel liegt das Bad der Aphrodite (Loutrá tis Afroditis). Man erreicht es auf der Küstenstraße von Pólis kommend. Die asphaltierte Straße geht hier in einen unbefestigten Schotterweg über. Gegenüber einem staatlich geführten Fischrestaurant, in dem sich ganz passabel zu vernünftigen Preisen speisen lässt, befindet sich der Parkplatz. Nur wenige Meter sind es von hier bis zu einer eingezäunten, kleinen Parkanlage. Hier liegt ein kleiner Tümpel in einer Felsgrotte – gespeist von einer darüber liegenden Quelle. Ständig fließt und tropft Wasser herab, Ranken und Sträucher umgeben den Teich.

Hier erblickte nach der griechischen Mythologie Akamas, der Sohn des Theseus, das Spiegelbild der badenden Aphrodite. Die Liebesgöttin verliebte sich in den Prinzen und beide hatten eine wilde Affäre. Doch die Liebe wurde verraten: durch die „Verleumdung", einer mythologischen Personifikation erfuhr Aphrodites Ehegatte Hephaistos von dem Seitensprung seiner Gemahlin. Aphrodite musste zu ihrem Göttergatten auf den Olymp zurückkehren.

Sicher ist, dass die hier beginnende Halbinsel, die sich bis nach Páfos erstreckt, nach Akamas benannt wurde. Aus den historischen Quellen geht nicht hervor, wo genau sich dieses Bad befunden haben soll. Zwar wird von einer Liebesquelle, einer Fontana Amorosa, berichtet, die genaue Lage dieser Quelle ist jedoch unklar. Möglicherweise wurde die Liebesgeschichte von Ákamas und Aphrodite im Laufe der Zeit durch mündliche und schriftliche Tradierung an dem heute als Bad der Aphrodite bezeichneten Ort verortet. Auch nicht erwiesen ist folgendes: Wer von dem Wasser aus dem Bad kostet, wird sich hoffnungslos verlieben.

Wegen ihren tollen Ausblicken auf das Meer und der herrlichen Landschaft der Ákamas-Halbinsel sind die beiden jeweils rund sieben bis acht Kilometer langen Rundwanderungen *Adonis-Trail* und *Aphrodite-Trail*, die beide am Aphrodite-Bad ihren Ausgangs- und Endpunkt haben, bei weitem faszinierender als das Bad selbst (vgl. S. 93).

Kloster Ágios Neófytos

Nordöstlich von Páfos an der B7 kurz nach Tala gelegen, gut ausgeschildert, April–Sept. tgl. 9:00–13:00 Uhr und 14:00–18:00 Uhr, Okt.–März tgl. 9:00–13:00 Uhr und 14:00–16:00 Uhr, Eintritt: 1,70 €

Das auf 250 Metern Höhe gelegene Neófytos-Kloster zählt zu den bedeutendsten Klöstern des Landes. Es besteht aus einem im 12. Jahrhundert errichteten Höhlenkloster, in dem der Heilige Neófytos als Einsiedler ein asketisches Leben führte und einem im 15. Jahrhundert von den Venezianern errichteten Hauptkloster nebenan, das heute noch in Betrieb ist.

Über das Leben des Einsiedlers geben seine eigenen Schriften und die Bilder und Inschriften der Höhlenklause Auskunft. Im Alter von 18 Jahren wollten ihn seine Eltern gegen seinen Willen verheiraten. Er floh in das Kloster Chrysostomos bei Kyrenia, wo er sieben Jahre als Novize lebte. 1159 zog er sich in die Wälder zurück und baute dort eine Höhle aus, um als Eremit zu leben. In der Höhle richtete er sich spartanisch mit einer Liege und einem Tisch aus Stein ein und mauerte vorsorglich in einer Nische sein eigenes Grab. Nachdem er unter nicht geklärten Umständen an einen Splitter des originalen Jesuskreuzes gekommen sein soll, nannte er die Höhle ab 1165 „Heiligkreuzkapelle“. 1183 erweiterte Neófytos sein Zuhause um einen Kirchenraum. Schon zu Lebzeiten war er eine Legende, viele Anhänger kamen ins Kloster, um seine Worte zu hören. 1196 beschloss er, oberhalb der Höhlenkirche eine weitere Zelle zu graben, die ihm als Rückzugsort diente. Neófytos starb hochbetagt und wurde in einem Sarkophag in der Höhle bestattet.

Schon nach Abschluss des Ausbaus der Höhle im Jahr 1183 beauftragte der Einsiedler und Mönch den Maler Theodores Apseudes aus Konstantinopel mit der Ausmalung der beiden Höhlenräume. 1196 kam ein weiterer, unbekannter Maler hinzu, um die Kirche auszumalen. Die beiden Bilderserien gehören zu den seltenen Beispielen byzantinischer Kunst und zeigen eindrucksvolle, gut erhaltene christliche Motive.

Im Hauptkloster lohnt der Besuch der Kuppelbasilika mit Malereien aus der ersten Hälfte des 16. Jahrhunderts. Prunkstück ist die Ikonostase aus dem 15. Jahrhundert, die im 19. Jahrhundert vergoldet wurde. Der aufmerksame Betrachter erkennt darin eine Neófytos-Ikone, die mit Silberteilen restauriert wurde. Links an der Ikonostase steht heute der Sarkophag des Klostergründers.

Auch das kleine Museum (für das man seine Eintrittskarte noch einmal gebrauchen kann) ist ansprechend. Neben Kirchenschätzen wie Bibeln, theologische Schriften, Sakralgefäße und Ikonen wird eine Sammlung von Vasen aus dem klostereigenen Friedhof gezeigt und die Geschichte des Klosters erzählt.

Eine etwas versteckte Treppe zwischen Höhlen- und Hauptkloster führt hinab zur Agiasma-Quelle, deren Wasser Wunder bewirken soll.

Kloster Chrysorrogiatissa

Nähe Pana Panagia, Mai–Aug. tgl. 9:30–12:30 Uhr und 13:30–18:30 Uhr, Sept.–April tgl. 10:00–12:30 Uhr und 13:30–16:00 Uhr, Eintritt frei

Kurz hinter Panagia erreicht man das Kloster Chrysorrogiatissa, dessen Bauten auf das Jahr 1770 zurückgehen. Große Teile davon wurden 1967 bei einem Brand zerstört und später detailgetreu restauriert. In der Klosterkirche zieht eine eindrucksvolle, holzgeschnitzte Ikonostase aus dem 18.Jahrhundert und besonders eine silberbeschlagene Ikone, die der Evangelist Lukas persönlich gemalt haben soll, die Blicke auf sich. Die Lukas-Ikone, die die Heilige Jungfrau zeigt, wurde im Bilderstreit des 8. und 9.Jahrhunderts versteckt und 1152 von dem Eremit und Mönch Ignatios wiederentdeckt. Er baute an der Stelle des heutigen Klosters einen kleinen Schrein, in dem er die Ikone aufbewahrte. Das zweigeschossige Kloster mit offenen Gängen und Balustraden beherbergt Unterkünfte, Werkstätten und einen Laden, in dem die Klosterweine verkauft werden. Ein kleines Museum zeigt Ikonen und andere Schätze des Klosters. Probieren kann man den Wein in der Klosterschänke, in der auch Snacks verkauft werden. Bei schönem Wetter kann man Essen und Getränke auf der neben einer imposanten Riesenzeder liegenden Terrasse genießen, die eine sagenhafte Aussicht über das Tal und die Weinberge bietet.

Kloster Kykko

Kykko, tgl. 10:00 – 16:00 Uhr, Juni – Okt. bis 18:00 Uhr, Eintritt ins Kloster frei, Eintritt ins Klostermuseum: 5 €

Das Kloster Kykko geht auf eine Stiftung des Kaisers Alexios Komnenos (Regierungszeit: 1081 – 1118) zurück. Nachdem ein zyprischer Eremit in Konstantinopel seine Tochter heilte, erhielt er eine wertvolle Ikone und das Recht zur Gründung eines Klosters in seinem Heimatland. Das Kloster gilt heute als eines der reichsten orthodoxen Klöster überhaupt mit großen Ländereien und enormen Einfluss auf die Politik. Das Kloster wurde mehrfach durch Brände zerstört, die heutigen Gebäude wurden nach einem Großbrand im Jahr 1813 komplett neu errichtet.

Pilger aus aller Welt kommen vor allem wegen einer Marien-Ikone hierher, die der Evangelist Lukas gemalt haben und die Wunder vollbringen soll. Die Ikone steht etwas vorgesetzt unter einem Baldachin vor der Ikonostase der Klosterkirche. Zu Stoßzeiten bilden sich lange Besucherschlangen, darunter viele russische Gruppen, die die Marien-Ikone küssen und einen Wunschzettel hinterlegen wollen. Kurios anmutend ist der ausgestellte Bronzearm, der einem ungläubigen Afrikaner beim Berühren der Ikone abgefallen sein soll und ein Sägefischblatt, das ein Geschenk eines Fischers ist, der von einem Sägefisch angegriffen und durch Stoßgebete zur Jungfrau von Kykko gerettet wurde. Die Klosterkirche ist komplett und überbordend wirkend bemalt und mit kostbaren Hängelampen ausgestattet. Auch die Gänge und Wohngebäude, deren Wände ebenfalls mit bunten Szenen aus dem Leben von Jesus Christus und anderen christlichen Motiven bemalt sind, können besucht werden. Oberhalb des Klosters kann man etwas abgesetzt den fünfglockigen Glockenturm erkennen. Im Klostermuseum werden wertvolle Ikonen, Sakralreliquen aus verschiedenen Epochen gezeigt. Die Erklärungen fallen leider oft etwas spärlich aus.

Am Parkplatz liegen das Klosterrestaurant und ein Shop. In den Sommermonaten reihen sich hier zahlreiche Souvenir-Stände aneinander, die die unzähligen Touristen mit Ramsch versorgen.

Fährt man vom oberen Eingang des Klosters etwa zwei Kilometer aufwärts, erreicht man den *Marienthron Thronis tis Panagias*, ein offener Pavillon, der eine Kopie der Marien-Ikone beherbergt. Von hier hat man einen imposanten Ausblick auf das umliegende Bergland. In einer Grotte ganz in der Nähe befindet sich das Grab von Zyperns Staatsgründer und ersten Präsidenten Erzbischof Makários III., das von einer Ehrengarde bewacht wird. Makários hatte im Kykko-Kloster sein Noviziat absolviert.

Touristische Highlights in Páfos und Umgebung zur Themenlinie „Weltenbummler“

Hafen und Türkisches Fort

Káto Páfos, April–Aug 9:00–19:30 Uhr, Sept./Okt. 8:00–18:00 Uhr, Nov.–März 8:00–17:00 Uhr, Eintritt: 1,70 €

Das trutzige Hafenfort, das auf einer kleinen Insel steht und über eine Zugbrücke betreten werden kann, wurde 1589 von den Osmanen erbaut. Bereits während der byzantinischen und fränkischen Zeit gab es an gleicher Stelle Festungsanlagen, um die Hafeneinfahrt gegen Überfälle zu sichern. Nach Betreten des Inneren sollte man auf zwei Löcher im Boden achten, durch die man in ein Kellerverlies schauen kann. Auch die Räume im Erdgeschoss nutzten die Osmanen als Gefängnis. Über eine Treppe gelangt man auf die Balustrade, von wo aus die türkischen Wachsoldaten gute Sicht auf das Meer und die Hafeneinfahrt hatten. In einer kleinen Moschee bot sich Gelegenheit zum Gebet. Auf der Mole erkennt man die Ruinen eines zweiten Forts, das durch eine Brücke mit dem ersten verbunden war.

Touristen bietet sich von hier aus ein toller Blick auf die gegenüberliegende Uferpromenade, die Stadt und auf den Hafen. Der Hafen dient heute als Fischer- und Yachthafen. Auch die Ausflugsboote haben hier ihre Liegeplätze. Da der Hafen relativ ungeschützt ist, erzeugt schon leichter Wind einen recht starken Wellengang im Hafenbecken.

Badestrände rund um Páfos

Stadtstrände in Kato Páfos: Am Ende der Uferpromenade gibt es ein kleines Strandbad mit Umkleidekabinen und einer Holzplattform. Hier treffen sich Jung und Alt oft schon am frühen Morgen für ein erstes erfrischendes Bad im Meer. Entlang der Poseidoncs Avenue („Hotelmeile") liegen mehrere kleine hotelzugehörige Sand-, Kies- und Rasenstrände, die in der Regel frei zugänglich sind. Schon zu Geroskípou gehörend, schließt sich am Ende der Hotelmeile, östlich des Louis Phaeton-Hotels, ein wunderschöner von Ricco's Beach Bar bewirtschafteter Strand mit kostenlosen Parkplätzen, Liegestühlen und Sonnenschirmen und verschiedenen Wassersportangeboten an. Auch die Bar selbst mit ihren leckeren Cocktails und Snacks ist sehr zu empfehlen.

Coral Bay: Verlässt man Páfos auf der Küstenstraße in Richtung Akamas-Halbinsel, führt der Weg zunächst vorbei an Bananenplantagen. Unter blauen Thermosäcken werden hier nach EU-Norm Bananen produziert, besonders schmackhaft sind jedoch die kleinen, unansehnlichen Bananen, die durch das EU-Raster fallen. Einige Kilometer weiter erreicht man Coral Bay. In der malerisch gelegenen Bucht mit ihrem klaren und tiefblauen Wasser findet man zwar sicherlich keine Korallen. Dafür gibt es hier den schönsten Sandstrand der ganzen Region. Zahlreiche Badegäste, viele aus Páfos, kommen zum Schwimmen und Sonnenbaden hierher. Rund um die Bucht, die in den Sommermonaten an manchen Tagen hoffnungslos überlaufen ist, sind in den letzten Jahren zahlreiche neue Hotel- und Ferienanlagen entstanden.

Strände auf der Ákamas-Halbinsel: Hier gibt es vier Badebuchten. An der ersten Bucht, die an der White River Fischtaverne liegt, ist Schwimmen zwar möglich, der Strand jedoch nicht besonders toll. Der zweite Strand befindet sich direkt an der Abzweigung zur Avakas-Schlucht. Die Bucht liegt in einer kleinen Senke und ist mit Kies- und Sandstrand ausgestattet. Die schönste Bucht liegt noch etwa zwei Kilometer weiter.

Man erreicht sie über die Schotterpiste und biegt an einem Hinweisschild „Lara Bay Rest.“ ab und fährt weiter an einem Eselgehege vorbei bis zum Parkplatz. Das Restaurant selbst hat täglich bis 18:00 Uhr geöffnet und bietet sehr leckere und günstige Gerichte wie Salate, Omelette, verschiedene Fleischgerichte und Cocktails, die man auf einer Terrasse mit schöner Aussicht auf die Bucht und das Meer genießen kann. Eine Treppe führt von der Terrasse direkt zum Kies- und Sandstrand mit herrlichem Wasser. Fährt man die Schotterpiste vorsichtig weiter, erreicht man nach weiteren etwa zweieinhalb Kilometern eine Abzweigung zum eigentlichen „Lara Beach“. Von dort stößt man nach einigen hundert Metern auf einen Zaun, dem man bis zum Eingang zum Strand und zum Schildkrötenposten folgt. Der Strand ist wirklich wunderschön und lohnt die Anfahrt. Dennoch: Informieren Sie sich hier über die Meeresschildkröten und genießen Sie die einmalige Naturlandschaft. Aber respektieren Sie den Lebensraum der bedrohten Tiere und unterlassen Sie das Baden!

Kirche Agía Paraskeví

Geroskípou, Plateia Agias Paraskevis, Mo–Sa April–Okt. 8:00–13:00 Uhr und 14:00–17:00 Uhr, So 10:00–13:00 Uhr, Nov.–März Mo–Sa 8:00–13:00 Uhr und 14:00–16:00 Uhr, So 10:00–13:00 Uhr, Eintritt: frei

In Geroskípou, einem unscheinbaren Vorort, der mit Páfos zusammengewachsen ist, befindet sich auf einem weitläufigen Platz eine für Zypern typische

Mehrkuppelkirche mit wertvollen Fresken aus dem 12.Jahrhundert. Aus der ursprünglichen Bilderserie, die an seinem linearen, strengen Stil gut erkennbar ist, ist die Darstellung des Marientods an der Nordseite am besten erhalten. Unter den Franken, gut 300 Jahre später, wurde die Kirche modernisiert. Im Inneren wurde ein neuer Putz aufgetragen und mit sehenswerten Malereien versehen, die durch ihre Räumlichkeit und die Bewegung einen starken italienischen Einfluss aufweisen. Aus der Zeit des Bilderstreits stammen weitere unfigürliche Fresken, die unter späteren Putzschichten im Altarraum freigelegt werden konnten.

Volkskundemuseum Geroskípou

Geroskípou, Athinon 5–7, 16. April–15. Sept. tgl. 8:30–17:00 Uhr, 16. Sept.–15. April tgl. 8:30–16:00 Uhr, Eintritt: 2,50 €

Das Staatliche Museum für Volkskunde, in einem traditionellen Gebäude aus dem 18.Jahrhundert untergebracht, gilt als das zweitwichtigste seiner Art nach dem in Nikosia. In einem Natursteinhaus, das früher einmal einem pafiotischen Konsul gehörte, werden in jedem Raum volkskundliche Themen und Handwerkskunst wie Töpferei, Seilmacher, Seidenherstellung usw. dargestellt. Sehr interessant ist der Videoraum am Eingang, in dem ein Film über die Olivenölherstellung auf Zypern gezeigt wird.

Marcello-Hügel

Straße von Koúklia in Richtung Archimandríta. Man passiert einen Kindergarten, nach weiteren rd. 400m biegt ein Feldweg rechts ab, der auf den umzäunten Marcello-Hügel zuführt. Alternativ kann man auch durch das Dorf gehen und erreicht die Straße dann kurz nach dem Kindergarten; tgl. geöffnet (das Tor steht in der Regel offen), Eintritt frei

Das Gelände ist touristisch nicht erschlossen. Gerade das macht es so reizvoll, fühlt man sich doch fast so, als sei man an den Ausgrabungen selbst beteiligt und kann darüber spekulieren, welche Mauerreste welche Funktion hatten.

Zunächst orientiert man sich an einem Johannisbrotbaum unweit des Eingangstors. Rechts des Baums führte einst der Weg in die Königsstadt Palai Páfos durch ein Tor, das in seinen Grundmauern gut zu erkennen ist. Das Stadttor wurde durch querliegende Mauern verwinkelt, was es Angreifern erschwerte, in die Stadt zu gelangen. Hat man das Tor passiert, gelangt man in das Innere des Mauerrings, der um die Stadt herumführte. Die Mauer wurde auf bis zu fünfeinhalb Meter verstärkt, ferner schützte ein vor der Mauer ausgehobener Graben zusätzlich vor Angreifern. Geht man entlang der Mauer nach links stößt man auf einen Tunneleingang. Der dunkle Gang ist auf allen Vieren tatsächlich passierbar und mündet an der Außenseite der Mauer in den ehemaligen Stadtgraben. Bereits an der Innenseite des Stadttores sind die Überreste eines

Stollens zu erkennen. Entweder wurde dieser verschüttet oder aber der Bau wurde nicht beendet.

Wo heute nur noch wenige Steine zu sehen sind, spielten sich im Winter 498/497 v. Chr. Dramen ab. Ein Jahr zuvor rebellierten die kyprischen Stadtkönigtümer mit Unterstützung der ionischen Flotte gegen die persische Herrschaft. Die Perser reagierten darauf entschlossen und versuchten den Aufstand niederzuwerfen. Für die Eroberung von Palai Páfos setzten sie Belagerungstürme ein. Um nahe genug an die Stadtmauer heranzukommen, schütteten sie den Stadtgraben zu. Das Material hierfür besorgten sie sich aus der näheren Umgebung von Paphos. Die Einwohner der Stadt schauten hierbei nicht tatenlos zu, sondern beschossen die Angreifer immer wieder mit Pfeilen und Wurfspeeren. Dennoch wurde die Lage für die belagerte Stadt von Tag zu Tag schwieriger. Die Verteidiger entsannen einen verzweifelten letzten Plan, um die Perser abzuwehren und den Fall der Stadt zu verhindern: Sie gruben fünf Tunnel unter der Stadtmauer hindurch und stützten sie mit Holzbalken ab. Tönerne, offene Öllampen sorgten während der Arbeiten für Licht. Nachdem das geschafft war, sah der Plan vor, unter den Belagerungstürmen bronzene, mit Brennmaterial gefüllte Kessel zu platzieren, um die Holzbalken der Türme in Brand zu setzen und sie zu Fall zu bringen. Es ist nicht überliefert, ob dieser Plan gelang. Allenfalls konnten die Pahpier damit die Eroberung ihrer Stadt durch die Perser verzögern. Schließlich wurde Palai Páfos von den Persern eingenommen und blieb bis zu Alexander dem Großen unter ihrer Oberherrschaft.

Über den Plan der Pahpier gibt eine Rekonstruktionszeichnung im Raum 2 des Museum im Aphrodite-Heiligtum Auskunft. In der Vitrine werden zudem Teile von Kalksteinstatuen und -altären aus der Zeit 600–475 v. Chr. gezeigt. Alle Objekte, darunter auch einige eiserne und bronzene Pfeile und Wurfspeerspitzen, wurden von Archäologen gefunden, als sie die Fundstücke am Marcello-Hügel freilegten.

Ágios Geórgios bei Chlórakas

Ágios Geórgios Chlórakas, täglich geöffnet, Eintritt frei

Fährt man auf der Küstenstraße von Páfos Richtung Akamas-Halbinsel, sollte man einen Stopp in Chlórakas einplanen. Dort befindet sich die nach der Unabhängigkeit Zyperns zu Ehren des Partisanenführers Geórgios Grivas errichtete Kirche Ágios Geórgios, die aus privaten Stiftungsmitteln finanziert wurde. Neben der Kirche liegt, eingeklemmt zwischen zwei großen Hotels, eine als Museum dienende Bootshalle. Ein Denkmal aus dem Jahr 2000 hinter der Halle verweist auf das Thema des Museums: Auf zwei hohen Bronzepfeilern ruhen querliegende Rohre, die ein Boot voller Gewehre symbolisieren. In der Halle selbst ist das aufgepallte hölzerne Kaiki-Boot „Ágios Geórgios“ zu sehen. Das Boot wurde im Januar 1955 von einem englischen Kriegsschiff aufgebracht wurde, als es versuchte, mit einer Ladung Dynamit und Waffen auf Zypern zu landen und so den Befreiungskampf der Zyprer zu unterstützen. Der zyprische Partisanenführer Grivas war bereits einige Monate zuvor auf Zypern gelandet. Im April 1955 begann der von der EOKA (Befreiungsorganisation des zyprischen Kampfes) organisierte Partisanenkrieg gegen die britische Kolonialherrschaft. Hiervon zeugt die kleine Ausstellung, die vorwiegend aus Zeitungsausschnitten und Fotos besteht.

Frühchristliche Basilika in Ágios Geórgios Pégeias

Ágios Geórgios Pégeias, täglich 8:30 – 16:00 Uhr, Wenn das Kassenhäuschen nicht besetzt ist, in der Kirche gegenüber fragen.

Kurz hinter Coral Bay stößt man auf Ágios Geórgios Pégeias, ein kleines Fischerdorf mit netten Fischrestaurants und einigen Hotels. Auf einer Klippe über dem kleinen Fischerhafen liegt die Georgskirche. Von hier hat man einen fantastischen Blick auf das Meer und die vorgelagerte Insel Gerónisos.

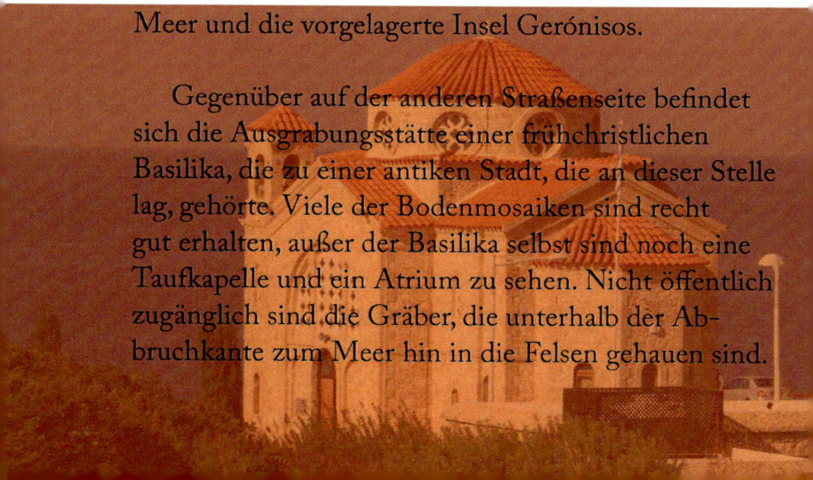

Gegenüber auf der anderen Straßenseite befindet sich die Ausgrabungsstätte einer frühchristlichen Basilika, die zu einer antiken Stadt, die an dieser Stelle lag, gehörte. Viele der Bodenmosaiken sind recht gut erhalten, außer der Basilika selbst sind noch eine Taufkapelle und ein Atrium zu sehen. Nicht öffentlich zugänglich sind die Gräber, die unterhalb der Abbruchkante zum Meer hin in die Felsen gehauen sind.

Künstlerdorf Lémba / Cyprus College of Art

Lémba, Eleftherías 6, Das Tor zum College steht in der Regel offen, www.artcyprus.de

Das Cyprus College of Art wurde 1969 vom 2014 verstorbenen zyprischen Künstler Stass Paraskos gegründet. Nach der türkischen Invasion 1974 zog das College in das nahezu verlassene Dorf Lémba. In der ehemaligen Dorfschule des „Künstlerdorfs" finden seitdem jährlich Sommerkurse für unkonventionelle Bildhauer und Maler statt. Die Abschlussarbeiten werden in der die Schule umgebenden Mauer verewigt. Teilnehmer der Kurse sind weniger Hobbykünstler als vielmehr ausländische Kunststudenten und solche, die die Aufnahmeprüfungen an den staatlichen Kunstschulen nicht geschafft haben. Nach dem Tod von Paraskos führt dessen Frau Mary die Kurse weiter.

Zusammen mit Stass und Mary Paraskos ließen sich auch weitere Künstler aus verschiedenen Ländern in Lémba nieder, um dort zu arbeiten. Das Dorf verwandelte sich so nach und nach von einer „Geisterstadt" mit gerade einmal zehn Bewohnern in ein lebendiges Dorf.

Lémba Experimental Village

Lémba, am Ortsausgang, ganztägig geöffnet, Eintritt frei

Von der Dorfschule aus führt die Straße durch den Ort zu den Überresten einer prähistorischen, kupfersteinzeitlichen Siedlung von 3.500–2.500 v. Chr. Schon der Spaziergang durch den Ort ist lohnenswert. In vielen Vorgärten kann man Kunstwerke aus dem College von Stass Paraskos bewundern und auch einige Häuser sind künstlerisch gestaltet. Am Rande der Ausgrabungsstätte haben Archäologen und Studierende der Universität Edinburgh mit alten Handwerktechniken und Materialien einige prähistorische Rundhäuser rekonstruiert. Auf Hinweistafeln erfährt man Interessantes über die Funktionen der einzelnen Häuser.

Touristische Highlights in Páfos und Umgebung zur Themenlinie „Schritte in die Zukunft“

Akámas-Halbinsel

Die Halbinsel Akámas steht bereits seit 1989 unter Naturschutz. Sie ist heute die entrückteste Gegend Zyperns. Die Vegetation wechselt von Schwarzpinien über mächtige Galleichen bis zu karger Bergwelt mit Wacholder und Zistrosen. Von den über 900 Pflanzenarten der Halbinsel sind 35 endemisch. Die Wanderung auf dem Rücken der Halbinsel beschert eines der schönsten Landschaftserlebnisse Zyperns. Aus stiller Bergwelt eröffnen sich unverhofft weite Blicke auf türkisfarbene Traumbuchten.

Akámas ist durch den sich ausbreitenden Massentourismus dennoch bedroht. Hotelinvestoren und Tourismusketten mit Einfluss und Geld würden die Halbinsel gerne touristisch erschließen und an den herrlichen Stränden Hotels und Ferienanlagen errichten.

Meine persönliche Bitte: Bleiben Sie auf der Akámas-Halbinsel stets auf den Straßen und Schotterwegen. Gehen Sie mit den natürlichen Ressourcen sorgsam um, lassen Sie keinen Müll zurück, werfen keine Zigarettenkippen aus dem Fenster. Auch wenn es Sie noch so reizt: Mieten Sie keinen Quad, um damit auf der Halbinsel kreuz und quer durch die Landschaft zu heizen. Es leben zahlreiche Tiere hier, die nur eine Chance haben, wenn ihre natürliche Umgebung nicht zerstört wird. Páfos 2017 setzt sich dafür ein, die Akámas-Halbinsel zu erhalten. Tragen Sie durch ihr Verhalten als Tourist ebenfalls dazu bei. Danke!

Meeresschildkröten-Schutzprojekt in der Lára-Bucht

Halbinsel Akámas, über eine Schotterpiste der Ausschilderung folgend erreichbar, ganzjährig geöffnet

Zwischen Mai und August ist der Strand zum Baden und für Spaziergänger gesperrt, da dann die kleinen Schildkröten schlüpfen und um ihr Leben ins Meer rennen. Am besten man badet überhaupt nicht dort.

Lára ist der vielleicht schönste Strand in ganz Zypern, aber die Schildkröten brauchen ihn auch in Zukunft als ihren Lebensraum.

In der Lára-Bucht legen die Suppenschildkröte (Chelonia mydas) und die Unechte Karettschildkröte (Caretta caretta) ihre Eier ab. Die Suppenschildkröte tut dies auf Zypern ausschließlich hier, die Karettschildkröte vergräbt ihre Eier auch an einigen anderen Strandabschnitten Zyperns. 1978 wurde hier mit Unterstützung des World Wildlife Funds das Lára-Projekt zum Schutz der seltenen und seit Anfang der 1970er Jahre unter Naturschutz stehenden Meeresschildkröten ins Leben gerufen, deren Brutplätze durch den sich ausbreitenden Tourismus stark bedroht waren. Direkt am Eingang zum Strand informiert eine kleine Ausstellung unter einer Schutzhütte über das Projekt und die bedrohten Meerestiere.

Meeresschildkröten suchen nach Erlangung der Geschlechtsreife im Abstand von zwei bis drei Jahren im Schutze der Nacht den Platz ihrer Geburt auf, um im Sand Nester in einem Meter Tiefe zu graben, in denen sie 100 bis 130 Eier ablegen. Beim Rückzug ins Meer glätten sie den Sand wieder und verwischen so ihre Spur. Dieser Vorgang wiederholt sich bei den gleichen Muttertieren bis zu fünfmal im Zeitraum von Mitte Juni bis Mitte August. Etwa zwei Monate später schlüpfen die Jungen, graben sich aus dem Sand und eilen im Schutze der Nacht ins Meer. Die richtige Richtung erkennen sie am helleren Horizont.

Die Gelege und die Jungtiere sind eine bevorzugte Delikatesse von Strandfüchsen, Krähen und Habichten. Die Naturschützer des Lára-Projekts schützen Eier und Jungschildkröten deshalb durch Drahtkörbe, die über die Nester aufgestellt werden. Auch von anderen Stränden werden vereinzelt ausgelegte Eier eingesammelt und zum Lára Beach gebracht. Viele der frischgeschlüpften Schildkröten zieht man in Unterwasserkäfigen auf. Sie werden freigelassen, sobald sie sich den lauernden Gefahren widersetzen können. Heute schlüpfen in der Bucht jährlich etwa 4.000 Meeresschildkröten.

Wanderungen auf der Akámas-Halbinsel

Auf der Halbinsel zu wandern ist ein außergewöhnliches Naturerlebnis. Neben der Durchquerung der Avakás-Schlucht sollten Wanderer sich beim Bad der Aphrodite auf den *Aphrodite- oder Adonis-Trail* begeben. Beide sind je etwa 7,5 Kilometer lang, für die man wegen des steilen Aufstiegs am Anfang etwa drei Stunden veranschlagen muss. Ausgangspunkt ist bei beiden das Bad der Liebesgöttin. Von dort geht man zunächst 100 Meter in Richtung Meer zum Ausgang des Parks, der das Bad umgibt. Von dort geht es linker Hand eine Stunde steil bergauf zum Pyrgos tis Rigenas, einer Klosterruine zwischen zwei Tafelbergen. Wem das zu anstrengend ist, der kann während der Hauptsaison für den Aufstieg einen Esel mitsamt Führer mieten. Am

Kloster angekommen verzweigt sich der Weg: biegt man nach rechts ab, folgt man dem Aphrodite-Trail, der Weg links führt auf den Adonis-Trail. Beide Touren lohnen die Anstrengung und dauern von hier an noch zwei Stunden. Es geht mal durch typische mediterrane Maccialandschaft mit Baumheiden, Erdbeerbäumen und Mastix, mal durch dichten Wald, der im Sommer kühlenden Schatten spendet. Beide Wege führen wieder zum Ausgangspunkt.

Insbesondere im Sommer sind das Bad der Aphrodite und die beiden Trails stark frequentiert. Wem das zu trubelig ist, der kann vom Picknickplatz Smigiés zwei reizvolle und deutlich ruhigere Wanderungen unternehmen. Den Picknickplatz erreicht man von Néo Chorio aus über eine zunächst geteerte, dann unbefestigte Straße, die in einen Kiefernwald führt. Am Platz selbst befinden sich einige Holzbänke, ein Kinderspielplatz und eine Quelle. Hier beginnen der *Smigies- und der Pissouromoutti-Trail*, die beide gut ausgeschildert sind Der 7,5 Kilometer lange Smigies-Pfad führt an einer verlassenen Magnesiummine mit Brennofen vorbei durch Kiefernwald und zyprische Maccia. Der etwa halb so lange Pissouromoutti-Weg führt auf einen 420 Meter hohen Hügel.

Avakás- (auch: Avgás-) Schlucht

Die Avakás-Schlucht ist ein Muss für jeden Zypern-Reisenden! Sie gehört zu den bedeutendsten Natursehenswürdigkeiten des Landes. Man erreicht sie von Ágios Geórgios Pégeias kommend, indem man weiter der Küstenstraße Richtung Àkamas-Halbinsel folgt, die nach einigen Minuten in eine Schotterpiste übergeht. Bis zum Parkplatz der Avakás-Schlucht ist die Straße mit normalen PKW bei Schrittgeschwindigkeit gut zu befahren. Ein Parkplatz befindet sich unmittelbar an der Straße. Von dort geht man in rund 15 Minuten bis zum Eingang in die Schlucht. Dieser Weg ist befahrbar, das Auto kann dann direkt am Eingang abgestellt werden. Das Durchwandern der Schlucht dauert zwischen drei bis vier Stunden (abhängig von Wetter und Kondition).

Am Eingang der Schlucht informieren einige Stelltafeln über die hiesige Flora und Fauna, eine Picknickhütte lädt zur Rast ein. Von dort schlängelt sich zwischen Schilf und Oleander ein etwa 1,5 Kilometer langer, gut begehbarer Pfad entlang eines Bachlaufs hinein in die Schlucht. Sie beherbergt über 300 Pflanzenarten, darunter die endemische Centauria acamanantis, die man auf den steilen Felsen leicht an ihren roten Blüten ausmachen kann. Am Ende des ausgebauten Wegs verweist ein Hinweisschild darauf, dass das Weitergehen ab hier auf eigene Gefahr erfolgt. Außer bei starken Regenfällen kann die Schlucht komplett durchwandert werden. Die Tour ist anspruchsvoll und man muss sich darauf einstellen, große Felsen im Bachlauf zu überklettern und gelegentlich durch das Wasser zu waten. Auch ist zu beachten, dass es keinen Handyempfang gibt, die Tour sollte deshalb nicht alleine unternommen werden. Wer die Kraxelei in Kauf nimmt, wird mit einem fantastischen Naturspektakel belohnt: bis zu 100 Meter hohe Felsen, Pflanzen und wildlebende Ziegen (Achtung: Steinschlaggefahr!) begleiten die rund zweistündige Wanderung, an deren Ende sich die Schlucht weitet. Man steigt rechter Hand aus der Schlucht und gelangt auf einen Feldweg. Diesem folgt man nach links gehend einige hundert Meter bis zu einer Verzweigung. Dort biegt man rechts ab und folgt dem Weg, bis man eine Straße erreicht, auf die man rechts abbiegt. Dem Straßenverlauf folgend kommt man an einem idyllisch gelegenen Bauernhof mit freilaufenden Schweinen, Schafen und Hühnern vorbei Richtung Küste, die man von hier bereits erkennen kann. Der Straßenzustand verschlechtert sich zunehmend, die Straße wird nun kurvenreicher. Schließlich gelangt man nach einer guten Stunde wieder zum Ausgangspunkt am Schluchteingang.

Ausflüge und Wanderungen im Páfos-Wald

Von Páfos erreicht man den Páfos-Wald über die B 7 und E 702 nach Pano Panagia

Der Páfos-Wald östlich von Polis empfiehlt sich als Ausflugsziel für alle, die dem Massentourismus an den Küsten oder der Hitze für einen Tag entfliehen möchten. Die dicht bewaldete Region mit seinen Zedern, Föhren, Pinien und Kiefern lädt zu Spaziergängen, Picknick, Weinproben und dem Besuch mehrerer interessanter Klöster ein.

Am Ortsrand von Pano Panagia lohnt ein erster Stopp bei der *Vouni Panayia Winery* für einen kleinen Imbiss und eine Weinprobe. Mir haben am besten der leichte, fruchtige Sommerwein „Alina“ (Xynisteri) und der rubinrote, im Eichenfass gereifte „Barba Yiannis“ (Maratheftiko) geschmeckt.

Im Ort selbst kann ein Stopp bei der *Makários-Gedenkstätte mit Museum* eingelegt werden. Hier erfährt man einiges über den früheren Staatschef, der hier geboren wurde. (Di–So 10:00–13:00 Uhr und 14:00–16:00 Uhr, Eintritt: 0,50 €). Am anderen Ende des Ortes startet an einem hölzernen Unterstand mit einer Wanderkarte der 9,8 Kilometer lange Wanderweg *Vouni Path Trail.* Die recht anspruchsvolle Wanderung, bei er über 1.100 Höhenmeter zu bewältigen sind, führt über Weinberge, Ortschaften und den Klöstern *Agia Moni sowie Chrysorrogiatissa (s. S. 87 ff.)* wieder zurück und dauert ungefähr drei Stunden. Weitere Zeit muss für den Besuch der Klöster und eine Einkehr in der Klosterschänke Chrysorrogiatissa eingeplant werden.

Von Pana Panagia geht es weiter zur *Forststation bei Stavros tis Psokas* über zum Teil unbefestigte und kurvenreiche Straßen. Die Station liegt auf 850 Meter inmitten von Pinien, Zypressen und Eichen in einem schönen Tal inmitten des Páfos-Walds. Die Forststation betreibt hier eine Herberge (Zimmerreservierung unter Tel.: 26 99 18 58; Zimmerpreise zwischen 15–20 € ohne Frühstück) mit einem Restaurant und einen Picknickplatz. In einem nahe gelegenen Rotwildgehege, das bei einem Spaziergang umrundet werden kann, werden Hirsche auf ihre Auswilderung vorbereitet. Etwas weiter an der Straße nach Polis liegend weidet in einem weiteren Gehege eine Herde des zyprischen Mufflons (Ovis ammon orientalis cyprius). Das Nationaltier Zyperns war nach dem Zweiten Weltkrieg fast ausgestorben. Heute leben wieder einige Tausende in den Wäldern. Nahe der Forststation beginnen zwei gut beschilderte Waldwanderungen von fünf bzw. 2,6 Kilometer Länge. Der längere Weg beginnt 1,5 Kilometer hinter Stavros an der Straße nach Kykko. Der andere an der Verzweigung der Hauptstraße nach Pyrgos und Kykko.

Auch wenn es nicht mehr zur Region Páfos gehört, sollte von der Forststation aus unbedingt ein Abstecher zum nahe gelegenen *Kloster Kykko* („Eiche"). Es gehört zu den bedeutendsten orthodoxen Klöstern überhaupt und ist das meistbesuchte Kloster Zyperns (s. S. 78). Die malerische Strecke führt durch ein Naturschutzgebiet, in dem die Troodos-Zeder, die bis zu 500 Jahre alt und bis zu 30 Meter hoch werden kann, beheimatet ist.

Altes Türkisches Viertel mit Cami-I Kebir-Moschee und Osmanischem Hamam

Wer dem Rummel in Káto Páfos entfliehen will, der sollte einen Stadtbummel durch die Oberstadt Ktíma und das ehemalige türkische Viertel zwischen dem osmanischen Bad und der Kebir-Moschee einplanen. Hier leben die meisten Einheimischen und das Leben ist bedeutend beschaulicher als im trubeligen Touristenviertel. Die schmalen Altstadtgassen rund um die (moderne) Markthalle sind oft überdacht und bieten so einen guten Schutz vor der Sonne.

Cami-I Kebir-Moschee

Páfos, Namik Kemal, geschlossen, nur von außen zu besichtigen

Die Kebir-Moschee liegt im Herzen des ehemaligen türkischen Viertel Moutallo. Ursprünglich eine byzantinische Kreuzkuppelkirche, wurde sie 1570 während der ottomanischen Herrschaft zur Moschee umgewandelt und das Minarett an der Nordwestseite angebaut. Das die Moschee umgebende Gelände wurde als Friedhof genutzt. Seit der Teilung Zyperns und der Umsiedlung der türkischstämmigen Bevölkerung nach Nordzypern ist die Moschee geschlossen.

Osmanischer Hamam

Páfos, Plateia 9 Martiou, tgl. bis 20:00 Uhr geöffnet, Eintritt frei

Das ehemalige türkische Hamam wurde in den letzten Jahren aufwändig restauriert, ist aber nicht mehr in Betrieb. Das Kuppelgebäude beherbergt heute ein Café mit einer schönen Terrasse unter Bäumen, in einem Ausstellungsraum werden die einzelnen Räume des früheren Hamam erklärt.

Ethnografische Sammlung Eliádes

Páfos, Exo Vrisis 1, Mo–Sa, März–Nov. 9.:30–17:30 Uhr, Dez.–Feb. 9:30–17:00 Uhr, So 10:00–13:00 Uhr, Eintritt: 3 €

In einem 1894 errichteten herrschaftlichen Wohnhaus befindet sich die private ethnografische Sammlung der Familie Eliádes, der das Haus auch gehört. Der 2007 gestorbene Gymnasiallehrer Eliádes zeigt in dieser Sammlung verschiedene Haushaltsgegenstände bürgerlicher Wohnkultur, landwirtschaftliche Geräte, sowie archäologische Funde, die er im Laufe seines Lebens zusammengetragen hatte. Ein hellenistisches Felskammergrab im Hof dient als Hauskapelle.

Byzantinisches Museum

Páfos, Andrea Ioannou 5, April–Okt. Mo–Fr 9:00–16:00 Uhr, Sa 9:00–13:00 Uhr, Nov.–März Mo–Fr 9:00–15:00 Uhr, Eintritt: 2€

Das im bischöflichen Palast untergebrachte Byzantinische Museum zeigt eine Sammlung spät- und nachbyzantinischer Ikonen sowie liturgische Geräte und Gewänder.

Archäologisches Museum

Páfos, Georgiou Griva Digeni 42, Mo – Fr 8:00 – 16:00 Uhr, Eintritt: 1,70 €

Etwas außerhalb auf der Straße Richtung Limassol befindet sich das Archäologische Museum. Es zeigt vor allem Funde aus der chalkolithischen Siedlung in Lémba, aus der gotischen Franziskanerkirche und den römischen Villen von Káto Páfos. Etwas kurios anmutend sind die ausgestellten tönernen Wärmflaschen, die die Form von Körperteilen haben. Auch ein Peniswärmer ist dabei.

Klassizistische Kolonialbauten

Páfos, Leof. Georgiou Griva Digeni, keine Besichtigung möglich

Erreicht man von Limassol kommend die Stadt, passiert man die weißen, tempelartigen Kolonialbauten aus dem 19. Jahrhundert, die im klassizistischen Stil errichtet wurden. Heute ist dort das Gymnasium der Stadt Páfos untergebracht. Gegenüber steht (in einem Kreisverkehr), umgeben von Jacarandabäumen, ein prachtvoller Baldachin mit ionischen Säulen.

Kulturevents und Höhepunkte von Páfos 2017

Das Jahr 2017 wird eingerahmt von zwei Highlight-Events, die beide den Geist der drei Produktionslinien aufgreifen. Dazwischen finden zahlreiche kulturelle Veranstaltungen statt, die jeweils Aspekte der drei Produktionslinien aufgreifen und nachfolgend kurz beschrieben werden. Zu Beginn der Vorbereitungen des Kulturhauptstadtjahres hatten die einzelnen Projekte jeweils eine eindeutige Zuordnung zu einer der Produktionslinien. Hiervon ist das Páfos 2017-Büro inzwischen abgekommen. Trotzdem ist es den Organisatoren gelungen, ein vielfältiges, abwechslungsreiches und spannendes Programm auf die Beine zu stellen, das sich auf künstlerische Weise mit den Themen „Mythos und Religion", „Weltenbummler" und „Schritte in die Zukunft" beschäftigt. Neben den hier beschriebenen Programmhöhepunkten (Stand: Juni 2016) sind im weitere Veranstaltungen geplant. Hierfür wurde ein detailliertes Programm für den Spätherbst 2016 angekündigt, das dann beim Páfos 2017-Büro zu erhalten ist.

Eröffnungsfeier und Sommer-Highlight

The Opening Celebration (28./29. Januar 2017): Die Eröffnungsfeier findet im kulturellen Zentrum der Stadt vor den Kulissen der wundervollen neo-klassizistischen Schulgebäude, der traditionellen Herrschaftshäuser und des Rathauses statt. Inspiriert durch die Mythologie, die die Geschichte Zyperns umgibt, werden in der Nacht vom 28. auf den 29. Januar 2017 die Häuser, die Straßen, die Plätze in der ganzen Stadt zu einer Open-Air-Fabrik. Musik, Tanz, Theater, Straßenshows und viele andere Events werden an diesen

p

Lefteris Moumtzis

Geburtsjahr: 1977, *Lebt in:* Nicosia/Zypern, *Beruf:* Musiker

Lefteris Moumtzis ist Musiker, Komponist und Musikproduzent. Auf Zypern ist er unter anderem als Frontmann und Songwriter der Band J. Kriste, Master of Disguise bekannt, aber auch als Solokünstler erfolgreich. Daneben gründete er das Independent-Label Louvana Records. In 2016 veröffentlichte er sein erstes Solo-Album „Now Happiness", das er bei einer kleinen Europa-Tour auch dem deutschen Publikum präsentierte. Lefteris Moumtzis ist zudem künstlerischer Direktor des Fengaros Music Festival, der Music Village Fengaros und des Lefkosia Loop Festival.

beiden Tagen parallel überall in der Stadt stattfinden. Sie geben Einheimischen und Touristen einen Vorgeschmack und eine Kostprobe auf das, was sie im Jahr 2017 erwarten dürfen.

The Summer Highlight (1. Juli 2017): Angeregt durch die Produktionslinie „Weltenbummler" wird das Sommer-Highlight rund um den Hafen stattfinden.

Dies ist der Ort, an dem Reisende zu allen Zeiten die Stadt Páfos erreichten und von Bord gingen. Bootsflotten, ein Feuerwerk auf dem Meer, Unterwas-

Portrait

Die Musik von Lefteris Moumtzis:
Die Musik von Lefteris Moumtzis ist ehrlich, gefühlvoll und harmonisch. Sein atmosphärisches Solo-Album „Now Happiness" besteht überwiegend aus akustischen Aufnahmen. Die Songs fließen leicht dahin und erzeugen ein ruhiges, positives Feeling. Der Sound bewegt sich zwischen experimentellem Folk, Jazz, Ambient und klassischer Musik mit englischen Texten.

Warum Lefteris Moumtzis Páfos 2017 für wichtig hält:
„Páfos ist eine wunderbare Stadt mit tollen Menschen und einer langen Geschichte. Páfos 2017 rückt die Kultur in der Stadt in den Fokus und ermöglicht für die Einwohner neue kulturelle Erfahrungen. Dies halte ich für sehr wichtig. Darüber hinaus bietet Páfos 2017 zyprischen Künstlern eine Bühne, um ihre Arbeit einem breiteren Publikum zu präsentieren."

Weitere Infos: www.moumtzis.com

ser-Überraschungen und Konzerte sind nur ein Teil der Aktivitäten, die während des Spektakels stattfinden werden.

Kulturevents Páfos 2017

Open Air … Music

The Travelling Stage (2017): Die Travelling Stage beruft sich auf das multikulturelle Erbe von Páfos und verbindet symbolisch und im Wortsinn Kontinente, Kulturen und Musik. Die Bühne präsentiert während des ganzen Jahres Konzerte und andere Musikveranstaltungen aus der ganzen Welt. Sie verbindet hohes künstlerisches Niveau und gemeinsame Themen aus allen drei Produktionslinien. Die Travelling Stage der Open-Air-Fabrik reist zu den Plätzen in der Region, an denen sich Einheimische und Besucher aufhalten. Sie ist manchmal eine Bühne und manchmal ein Treffpunkt für Aktion und Events.

Moon & Stars (Juli 2017): Weltberühmte Künstler treten im Rahmen dieser Plattform für hochwertige Performance an sinnbildlichen Open-Air-Orten in der Páfos-Region auf. So beispielsweise in Pétra toú Romioú, dem Geburtsort von Aphrodite und an anderen kulturhistorischen Stätten.

One Touch of Venus and More (Mai 2017): Die deutsche Chansonsängerin Ute Lemper und das Cyprus Symphony Orchestra spielen vor der Kulisse des mittelalterlichen Hafenforts ein Konzert unter dem Titel „One Touch of Venus and More“. Es ist inspiriert vom berühmten Musical „One Touch of Venus“ und von Kompositionen von Kurt Weill und Bertolt Brecht.

Mediterranean Musical Tradition (2017): Die musikalische Tradition des östlichen Mittelmeerraums und der angrenzenden Länder erkundend, betont dieses Projekt die gemeinsamen musikalischen Erfahrungen und entwickelt eine kulturübergreifende musikalische Zusammenarbeit (crossover). Hierzu wird im Frühjahr 2017 ein Symposium für und mit Künstlern, Produzenten, Wissenschaftlern und Studenten stattfinden. Die Ergebnisse werden bei Konzerten an verschiedenen Orten in der Stadt vorgestellt.

Open Air ... Dance

Mind your Step (März 2017): Das in Kooperation mit dem Limassol Municipal Dance Centre und Partnern aus Italien, Irland, und Zypern durchgeführte Projekt baut Brücken des Dialogs zwischen städtischen Räumen und zeitgenössischem Tanz. Neben anderen Aktionen wird auch ein Symposium mit Künstlern und Stadtentwicklungsexperten durchgeführt, ebenso eine Reihe von Tanz-Performances im Stadtzentrum, die eine choreographierte Geschichte der Stadt erzählen.

Contemporary Dance Festival Zypern (Juni 2017): Dieses Festival, das auf dem Platz vor dem Hafenfort eine Reihe zeitgenössischer Bühnentanzaufführungen großer europäischer Tanzensembles präsentiert, feiert unter dem Motto „Linking Continents, Bridging Cultures“ Premiere im Rahmen des offiziellen Programms von Páfos 2017.

Spatial Counterpoint (Juli 2017): „Spatial Counterpoint präsentiert im Geiste der Open Air Factory ortsspezifische zeitgenössische Tanz-Performances, die von bekannten auswärtigen Choreographen inszeniert und von Tänzern aus Zypern aufgeführt werden. Das Stadtbild im Zentrum von Páfos wird die Quelle der Inspiration für Choreografen und Tänzer. Das Projekt wird gemeinsam mit den Departments of Architecture and Fine Arts of the University of Neapolis entwickelt.

Open Air … Cinema

Seefest – Cinema on the Beach (Juli/August 2017): Das Seefest, das seit Sommer 2014 stattfindet, bietet ein Open-Air-Kino am Strand. Es zeigt Filme zu verschiedenen, jährlich wechselnden Themen. 2014 war das Thema „Musik“, 2015 lautete es „Gastronomie“, 2016 „Leute und Städte“. Im Kulturhauptstadtjahr 2017 werden Filme zum Thema „Weltreisen, Reisende und Migranten“ gezeigt. Außerdem werden unter dem Titel „Moving Screens“ in der ganzen Region Páfos Filme aus aller Welt präsentiert.

Lysistrata (Mai 2017): Das unter der Leitung von Brian Michaels produzierte Theaterprojekt ist inspiriert durch die bekannte Komödie des antiken griechischen Dichters Aristophanes über die Heeresauflöserin. Die mehrsprachige Produktion wird aufgeführt von griechisch- und türkisch-zyprischen sowie nigerianischen und brasilianischen Schauspielern. Ort der Aufführung ist das Haus des Aion, einer römischen Villa mit herrlichen Mosaiken inmitten des Archäologieparks von Kato Páfos. Damit wird auch die Bedeutung des kulturellen Erbes der Stadt Páfos hervorgehoben. Basierend auf dem antiken Stoff der Lysistrata reflektiert die Inszenierung die globale Dimension und die Auswirkungen moderner Kriegsführung.

Monodrama Festival (Mai 2017): Páfos 2017 wird ein internationales Monodrama Festival etablieren. Unter Monodramen versteht man im Theater Stücke, in denen nur eine Person auftritt (Einpersonenstücke). Bereits seit 2015 finden jährlich sogenannte Monodrama Showcases statt, die ein großes internationales Echo fanden. Das erste offizielle Monodrama Festival wird im Mai 2017 stattfinden und wird international erfolgreiche Inszenierungen hierzu ebenso einladen wie einheimische Produktionen, die aus der Monodrama Plattform im Jahr 2016 hervorgegangen sind.

Trojan Women (Juli 2017): Ein Stück, das vom antiken griechischen Drama „Die Troerinnen" (ca.

415 v. Chr.) des Dichters Euripides inspiriert wurde. Wie schon im Trojanischen Krieg ziehen auch aktuelle Kriege und Konflikte Zerstörung und Verfolgung nach sich. Nationen werden geteilt und Menschen vertrieben. Die von Theodoros Terzopoulos geleitete Produktion wird von einer internationalen Gruppe von Schauspielern aus verschiedenen geteilten Städten wie Nikosia, Jerusalem und Mostar aufgeführt. Das Bühnendesign stammt vom italienischen Künstler Jannis Kounelis, einem der Mitbegründer der berühmten italienischen Arte Povera. Das Stück wird im Alten Odeon von Páfos aufgeführt.

Open Air … Art

On Target (Juli – September 2017): Eine Zielscheibe ist ein universelles und dynamisches Bild. Oft werden damit gewalttätige und zerstörerische Aktionen verbunden, bildlich gesprochen symbolisiert sie einen Angriff auf ein Individuum beziehungsweise auf eine Gemeinschaft oder Opfer von Rassismus und Ausbeutung. Aber eine Zielscheibe hat auch eine positive Bedeutung. Es ist ein erstrebenswertes Ziel, ein Ziel, das man erreichen möchte. Für diese moderne Kunstausstellung werden Künstler aus vergangenen und gegenwärtigen Kriegsgebieten des Mittleren Ostens, Osteuropas und Zyperns für zehn Tage nach Páfos eingeladen, um Ideen auszutauschen und Kunstwerke zu erschaffen. Das Projekt beinhaltet Kunstperformances, Videokunst und interaktive Aktivitäten mit dem Publikum. Die Ausstellung wird in der Municipality Art Gallery von Páfos zu sehen sein.

Eco Art (Juli – September 2017): Das Projekt besteht aus zwei Hauptevents, einem Ecological Art Symposium in 2016 und einer daran anknüpfenden Ausstellung in 2017. Das Symposium möchte wichtige Kuratoren, Kunsttheoretiker, Künstler und Kunstschaffende zusammen bringen, um Aspekte globaler Kunst und Umwelt zu diskutieren. Künstler aus Zypern, Europa und dem Nahen Osten werden nach Páfos eingeladen, um gemeinsam auf der Akámas-Halbinsel Kunstwerke wie Skulpturen, Gemälde, Videos und Installationen zu erschaffen, die dann auf der Halbinsel ausgestellt werden.

The Many Faces of Venus (September – Dezember 2017): Eine von der A.G. Leventis Gallery in Nikosia in Kooperation mit Páfos 2017 organisierte, internationale Ausstellung bringt Kunstschätze aus führenden europäischen Museen zum ersten Mal auf die Insel. Sie illustrieren die vertrauten Mythen und Legenden, die mit Venus, der Göttin der Liebe, und ihrem Geburtsort Zypern verbunden sind. Die Ausstellung geht auf die facettenreichen Geschichten rund um Venus ein, wie sie in der westlichen Welt seit der Renaissance und bis heute erzählt werden.

Genieße die Welt – Páfos wird eine Open-Air-Feier des Essens und des Weins aus dem Mittelmeerraum inszenieren, der in der ganzen Welt und in allen Zeiten bekannt dafür war und ist, das Essen und Trinken dort eine Kunst, ein Erlebnis und ein kreativer Prozess ist.

Páfos, Garden of Taste (während des ganzen Jahres 2017): Eine Reihe kulinarischer Events für Einheimische und Besucher wird Páfos in einen „Garden of Taste" verwandeln. Die Events gipfeln in einem ausgedehnten gastronomischen Open-Air-Festival an verschiedenen Orten in der Stadt mit Banketten lokaler Spezialitäten, basierend auf der traditionellen mediterranen Küche mit ihren jahrhundertealten Kombinationen von Zutaten aus Griechenland, der Türkei und dem Nahen Osten.

Bridging Tastes (Mai 2017): Internationale Studenten des Hotel Institutes Páfos tauschen ihre lokalen Rezepte, Erinnerungen und Geschmackserfahrungen aus. Sie werden zudem wichtige Küchenchefs aus Páfos treffen und mit ihnen gemeinsam neue Geschmacksrichtungen und Gerichte kreieren. Das Ergebnis dieses interaktiven Prozesses wird dem Publikum während des „Gardens of Taste" an verschiedenen Orten in der Stadt präsentiert.

Im Frühjahr 2016 veranstaltete die Cyprus Photographic Society in Kooperation mit Páfos 2017 eine Ausstellungsreihe „Public Art". Die Ausstellungen fanden in neun Kulturcafés statt, die ich allen kulturinteressierten Menschen ans Herz legen möchte. Die Cafés führen Sie weg von den ausgetretenen Touristenpfaden mitten hinein in die lokale Kulturszene von Páfos:

Ananas 8Bit Coffee – Athinas 35A – 35B Street, neben dem „Home of Literature and Arts", Tel.: 00357 26 60 01 26
Arabica – 1 Neofytou Nicolaides Street, Tel.: 00357 26 93 37 33
Boulevard Bistro Wine Bar – Kennedy Square, Titania Shopping centre, Tel.: 00357 26 93 37 33
Labyrinthos Wine Bar – 5 Agiou Theodorou Street, Tel.: 00357 26 93 37 33
Legendary Barber Shop – 3 Kosta Partasides Street, Geroskípou, Tel.: 00357 99 46 09 41
Let Them Eat Cake – 2 Agiou Theodorou Street, Tel.: 00357 99 31 31 51
Omikron Brunch – 25th March Street, Tel.: 00357 26 95 59 65
Pinguino – Poseidonos Avenue, direkt an der Uferpromenade, Tel.: 00357 26 94 41 75
Vintage Espresso Bar – 7 Karaiskaki Street, Tel.: 00357 96 83 83 66

Weitere Infos und Hinweise zum Essen und Trinken in Páfos finden sich im Kapitel 5 „Kulinarisches Páfos – Essen und Trinken"

Die Projekte im Programm „Re/sponding to now" geben eine Antwort darauf, wie wir auf die gegenwärtige, schnelllebige und technisierte Welt durch die Entwicklung neuer Perspektiven für zukünftigen Wandel reagieren können.

Terra Mediterranea (April–Mai 2017): Eine Zusammenarbeit zwischen dem Nicoia Municipal Arts Centre – Pierides Foundation und Páfos 2017, bei der Kunst als eine Vermittlerin agiert, die Synergien zwischen Nicosia, Páfos, Israel und Deutschland schafft. Die Ausstellung und das Begleitprogramm will eine Übersicht über zeitgenössische Künstler und ihre Arbeiten zu wichtigen sozialpolitischen, kulturellen und wirtschaftlichen Aspekten, zur Beziehung zwischen Ost und West ebenso wie zur Rolle Europas in Bezug auf die aktuelle wirtschaftliche, politische, religiöse, soziale und nicht zuletzt auf die tiefe existenzielle Identitätskrise geben.

Mouttalos – A neighbourhood in uncertainty (während des ganzen Jahres 2017): Eine Vielzahl von Aktivitäten – Ausstellungen, Workshops, Seminaren zum sozialen Wandel – werden im Mouttalos-Viertel stattfinden, wo ursprünglich überwiegend türkische Zyprer lebten. Nach der türkischen Invasion 1974 wurden die Bewohner nach Nordzypern umgesiedelt und durch griechische Zyprer aus dem Norden ersetzt. Dennoch blieben der Charakter und die Form des Viertels bis heute intakt. Das Projekt will die Geschichten des

Viertels – sowohl die der türkischen als auch der griechischen Zyprer – erzählen.

Cut of the skin (April 2017): Ein Jugendprojekt für einheimische und eingewanderte Schüler der multikulturellen Stadtgesellschaft von Páfos. Die Jugendlichen werden eingeladen, ihre Vielfalt, Kreativität und Identität auszudrücken. In einem Auswahlprozess werden zehn Jugendliche zwischen 14–19 Jahren von verschiedenen Schulen der Stadt ausgewählt, eine Zeitlang mit Künstlern, Lehrern, Tänzern und speziellen Trainern aus Zypern, Deutschland, USA und Slowenien zusammenzuleben und künstlerisch zu arbeiten. Die gemeinsamen Erfahrungen und künstlerischen Kreationen werden in Aufführungen und Ausstellungen präsentiert.

The Páfos 2017 Community Programme: Open Air … Involvement

Eine Vision von Páfos 2017 ist es, bei den Einwohnern der Stadt einen Gemeinschaftsgeist zu entwickeln und darauf hinzuwirken, dass sie sich über 2017 hinaus als Besitzer der Stadt und damit als verantwortlich für die Geschicke der Stadt begreifen. Dies soll erreicht werden, indem die Bürger in die Projekte eingebunden werden.

Linking Festivals – Bridging Communities: Mit diesem Programm werden die Feste in den Gemeinden der Páfos-Region gefördert und miteinander verknüpft werden. Viele der lokalen Feste und Aktivitäten in 2017 werden durch neue, frische Ideen aufgewertet um die zukünftige creative Entwicklung der Region voranzutreiben.

Connecting People & Places: Dieses Programm fördert den Prunk und das Spektakel gemeinschaftlicher Gestaltung und Beteiligung, indem es die verschiedenen kulturellen Gruppen in der Stadtgesellschaft von Páfos zusammenbringt. Spontane Events und Projekte schaffen Plattformen für soziale und kulturelle Gruppen, um gemeinsam zu musizieren, zu tanzen, zu spielen und zur Pflege von Bräuchen und Traditionen. Auf diese Weise wird eine große Zahl von Menschen aus Künstlergruppen, Schulen und anderen Gemeinschaften in Páfos eingebunden.

Make It New: Páfos wird durch Street-Art-Projekte ästhetisch verwandelt. In den nächsten zwei Jahren werden öffentliche Räume in offene Bühnen und Pop-Up-Galerien verwandelt, die einen neuen Stadtplan von Páfos mit einem ökologischen und künstlerischen Programm etablieren.

Streifzüge durch die zyprische Geschichte

Die Kultur Zyperns ist nicht zuletzt deshalb so spannend, weil sie Einflüsse verschiedener Kulturkreise in sich vereint. Seit mehr als 10.000 Jahren ist die Insel besiedelt. Ihre geografische Lage am Schnittpunkt zwischen dem Nahen Osten, Nordafrikas und Europas führte dazu, dass Menschen aus vielen verschiedenen Kulturkreisen die Insel besuchten – mal in friedlicher, mal in kriegerischer Absicht. Im Laufe ihrer Geschichte beeinflussten die wechselnden Herrscher der Insel diese nicht nur politisch, sondern auch in kultureller Hinsicht. Die nachstehende Übersicht gibt einen Überblick über die Geschichte Zyperns und die unterschiedlichen Kulturen, die die Insel in den Zeitläuften beeinflusst haben.

Vorgeschichte (10.000–525 v. Chr.)	
rd. 10.000 v. Chr.	Erste Spuren menschlicher Besiedlung auf Zypern finden sich am Kap Gáta auf der Akrotiri-Halbinsel. Jäger der benachbarten Küsten des östlichen Mittelmeers (Levante) erreichen die Insel und machen Jagd auf die inseltypischen Zwergformen von Säugetieren wie das zyprische Zwergnilpferd und den Zwergelefanten.
rd. 8.500	Einwanderer aus Mesopotamien und Syrien besiedeln die Insel seit der Jungsteinzeit (Neolithikum) dauerhaft. Sie bringen Getreide, Haus- und Wildtiere (Hund, Katze, Rind, Ziege, Schaf, Hirsch) mit auf die Insel und gründen mindestens 15 Siedlungen aus typischen Rundhäusern mit Terrazzo- oder Geröllfußböden. Für die Trinkwasserversorgung werden Brunnen gebaut. Gut erhalten sind die Siedlungen in Kalavassos und Khirokitia.

rd. 4.500	Im keramischen Neolithikum beginnt mit der Sotira-Kultur (benannt nach einem Ort im Bezirk Famagusta) die Herstellung von Keramik auf Zypern. Die Sotira-Keramik ist zunächst monochrom und mit Kammornamenten verziert.
rd. 3.600	Mit dem Übergang von der Jungsteinzeit zur Kupfer- und Bronzezeit (Chalkolithikum) werden erste aus Kupfer gehämmerte Werkzeuge und Schmuckstücke hergestellt.
rd. 3.000	Während der Erimi-Kultur werden die reichen Kupfervorkommen der Insel abgebaut. Zypern entwickelt sich zu einem wichtigen Handelsplatz im östlichen Mittelmeer für den Nahen Osten, Ägypten und die ägäischen Inseln. (Die lateinische Bezeichnung cuprum für Kupfer ist übrigens abgeleitet vom griechischen aes cyprium, was so viel bedeutet wie „Erz von Zypern".)
rd. 2.400	In der Frühen Bronzezeit entwickeln sich Handwerk und Handel beständig weiter. Die Entdeckung, dass durch die Beimischung von Zinn zu Kupfer die viel härtere Bronze entsteht, steigert den Export von Kupfer und mehrt den Wohlstand auf der Insel. Die Städte und Dörfer wachsen, ebenso die Bevölkerung.
rd. 1.650	Das starke Bevölkerungswachstum führt in der Späten Bronzezeit zu sozialen Spannungen und Umwälzungen in fast allen Bereichen. Überall auf Zypern werden Festungsanlagen erbaut, was auf unruhige Zeiten und militärische Konflikte hindeutet. Dennoch entwickelt sich die Insel zu einer wichtigen wirtschaftlichen und politischen Macht im östlichen Mittelmeerraum und erlebt eine erste Blütezeit.
rd. 1.400	Zypern bleibt im Verlauf des 14. und 13.Jahrhundert vor Christus unabhängig von den Großmächten der damaligen Zeit.

rd. 1.200	Zunehmend besiedeln mykenische Griechen die Insel. Nicht klar ist, ob sie vor dem Zusammenbruch der Palastzentren auf dem griechischen Festland flohen, Teile der Insel erobert und dann besiedelt haben oder ob bereits anwesende mykenische Händler, die in engem Kontakt mit der einheimischen Oberschicht standen, nach dem Zusammenbruch der mykenischen Kultur auf dem Festland dauerhaft auf Zypern ansässig und in die Oberschicht integriert wurden. Die mykenische Kultur beeinflusst die Insel, etwa durch neue Bauelemente wie das zyklopische Mauerwerk, die griechische Sprache wird bestimmend.
rd. 1.050	In der Epoche der Stadtkönigtümer ist Zypern selten wirklich unabhängig. Nacheinander waren die Stadtkönigtümer den Assyrern, Ägyptern und Persern tributpflichtig. Die genaue Anzahl der Stadtkönigtümer ist nicht bekannt, man geht von zehn bis elf aus. Die bekanntesten darunter sind Sálamis (im Norden), Kítion (zwischen dem heutigen Larnaca und Kíti) sowie Koúklion (Alt-Páfos). Seit dem 11.Jahrhundert vor Christus waren die Phönizier auf Zypern präsent. Ab 800 v. Chr. gründen sie Kolonien, etwa das heutige Sálamis und Larnaka.
709	Mit dem Sieg des Herrschers Sargon II. (721–705 v. Chr.) über sieben Königreiche der Insel, darunter auch Páfos, übernehmen die Assyrer die Herrschaft auf Zypern. In diese Zeit fällt mit der kypro-archaischen Kunst auch die zweite Blütezeit des zyprischen Altertums (rd. 750–475 v. Chr.).

Persische Zeit (525–323 v. Chr.)

525	Wahrscheinlich fast zeitgleich mit dem persischen Angriff auf Ägypten unter Kambyses II übernehmen die Perser bis zu Alexander des Großen Sieg bei Issos (333 v. Chr.) auch auf Zypern die Herrschaft.

499/ 498	Die kyprischen Stadtkönigtümer rebellieren mit Unterstützung der Flotte der ionischen Griechen gegen die persische Herrschaft. Nach der Niederlage des kyprischen Landheeres zieht sich auch die ionische Flotte nach Griechenland zurück, der Aufstand scheitert. Als letzte Stadt fällt Soli, nachdem es der persischen Belagerung fünf Monate standgehalten hatte.
rd. 480	Nur wenige Jahre später hatten sich viele der Aufständischen mit den Persern verbündet. Nur zu gerne griffen die Perser auf die als erfahren geltenden kyprischen Seeleute zurück, die mit 150 Schiffen die persische Flotte verstärkten.
411	Euagoras I. kehrt mit seinen Gefolgsleuten aus dem Exil nach Sálamis zurück, das zu jener Zeit das führende Stadtkönigreich war und übernimmt nach dem Sturz Abdemons die Macht. Obwohl er bis zum Schluss wie alle Herrscher auf Zypern ein Vasall des persischen Großkönigs blieb, festigte er seine Macht und versuchte mit Billigung der Perser alleiniger Herrscher auf Zypern zu werden. Diese versagten ihm jedoch sein Ansinnen aus strategischen Gründen.
Hellenistische Zeit (323–58 v. Chr.)	
323	Nach dem Tod Alexander des Großen, der durch die Vernichtung des persischen Großreiches auch Herrscher über Zypern wurde, ist die Insel Streitpunkt in den sogenannten Diadochenkriegen um die Nachfolge des Herrschers.
294	Zypern wird eine Provinz des von Ptolemaios I. regierten Ägypten, Alt-Páfos/Koúklia die neue Hauptstadt. Unter der Herrschaft der Ptolemäer erlebt Zypern einen starken kulturellen Aufschwung, geprägt vom hellenistischen Baustil. Griechisch setzt sich als Umgangssprache durch.

Römische Herrschaft und byzantinische Zeit (58 v. Chr.–1191 n. Chr.)

58 v. Chr.	Zypern wird Teil des Römischen Reiches, die Schätze der Ptolemäer werden nach Rom gebracht. Zu den römischen Statthaltern gehörte in den Jahren 51/50 v. Chr. Cicero, 48/47 v. Chr. erhielt Kleopatra die Herrschaft über die Insel. Bis 22 n. Chr. wird Zypern von einem Proprätor, einem direkten Vertreter des römischen Kaisers vertreten, danach von einem Prokonsul als Vertreter des römischen Senats. Besonders bedeutend sind die Städte Salamis mit dem Zeus-Heiligtum und Páfos mit dem Aphrodite-Tempel.
46 n. Chr.	Die Apostel Paulus und Barnabas bringen das Christentum nach Zypern. Barnabas soll später Bischof der Insel geworden und als Märtyrer gesteinigt worden sein.
391	Nachdem 330 unter Konstantin I. die Hauptstadt des römischen Reichs von Rom nach Konstantinopel (Byzanz) verlegt wurde, wird das Christentum Hauptreligion des Reichs. Mit dem Verbot heidnischer Religionen auf Zypern im Jahr 391 wird das Christentum Staatsreligion. 395 wird Zypern bei der Teilung des römischen Reichs in das frühbyzantinische Reich eingegliedert.
649	Nach der Eroberung von Alexandria greifen arabisch-moslemische Truppen von Akre aus mit 1.700 Schiffen Zypern an, erobern und plündern die Insel. Die byzantinische Flotte kommt zu spät. Zypern schließt einen Tributvertrag mit dem Kalifen, zahlt aber auch weiter Steuern an Konstantinopel.
965	Im 8. und 9.Jahrhundert kommt es zu weiteren arabischen Überfälle auf die Insel. Erst 965 konnte der byzantinische Feldherr und Kaiser Niketas Chalkutzes nach einem erfolgreichen Feldzug die byzantinische Herrschaft wieder herstellen. In der folgenden mittelbyzantinischen Zeit bis 1191 erfährt die Insel einen kulturellen und wirtschaftlichen Aufschwung.

Kreuzzüge und Königreich Zypern (1191–1489)

1191	Auf dem dritten Kreuzzug (1189–1192) erobert Richard Löwenherz Zypern. Der Franke Guy de Lusignan, Titularkönig von Jerusalem erwirbt 1192 die Insel. Während des Königreichs der Lusignans steigert sich der Wohlstand, der griechisch-orthodoxe Glauben wird durch den römisch-katholischen abgelöst. In der Folge werden zahlreiche gotische Kirchen gebaut (u.a. 1326 die Nikolaus-Kathedrale in Famagusta und die Sophien-Kathedrale in Nikosia).

Venezianische Herrschaft (1489–1573)

1489	1473 heiratet König Jakob II. die Venezianerin Caterina Cornaro, deren Familie seit langem Besitztümer auf Zypern besaß. Kurz nach der Hochzeit starb Jakob II. unter mysteriösen Umständen, ebenso sein posthum geborener Sohn Jakob III. Nachdem ein geplanter Aufstand der Getreuen Jakob II. durch Intervention des Dogen Pietro Mocenigo gewaltsam unterdrückt wurde, sah sich Caterina gezwungen, 1489 das Königreich an die Republik Venedig abzutreten. Kulturell erlebt Zypern in der Folge eine zweite Blütezeit byzantinischer Kunst. Venedig beutet die Insel wirtschaftlich aus und unterdrückt die Bevölkerung. Verschiedene Bauernaufstände werden blutig niedergeschlagen.

Osmanische Zeit (1573–1878)

1573	1573 übernimmt das Osmanische Reich die Kontrolle über Zypern, nachdem es 1570 von der durch Venedig ausgebeuteten Bevölkerung um Hilfe angerufen wurde. Zypern bleibt bis 1878 Teil des Osmanischen Reichs. Der katholische Glauben wird vorübergehend verboten, katholische Kirchen in Moscheen umgewandelt. Nach und nach erhält die orthodoxe Kirche mehr Autonomie als unter der Herrschaft der Franken und Venezianer. Die Bauern werden befreit, Zwangsarbeit abgeschafft. Es herrscht weitgehend ein friedliches Nebeneinander zwischen Christen und Muslimen, bis ins 20.Jahrhundert hinein war der wesentliche Unterschied zwischen den Bevölkerungsgruppen die Religion, nicht aber die Ethnizität.

1821	Diese friedliche Ko-Existenz beider Bevölkerungsgruppen endet 1821, als der türkische Statthalter in Nicosia den Erzbischof Kyprianos zusammen mit weiteren Anhängern hinrichten ließ. Er wollte damit den Sympathiebekundungen griechischer Zyprer für den griechischen Befreiungskampf, die vom Erzbischof unterstützt wurden, entgegentreten und dessen Überschwappen auf die Insel verhindern.
Britische Herrschaft (1878–1960)	
1878	In einem Vertrag vom 4. Juni 1878 einigen sich das Osmanische Reich und Großbritannien auf eine Abtretung des für die Briten nach Eröffnung des Suezkanals (1869) strategisch wichtigen Zyperns. Konstantinopel behielt jedoch einige Souveränitätsrechte, Großbritannien garantierte zudem die osmanischen Besitzungen in Asien und sicherte Unterstützung gegen einen eventuellen russischen Vorstoß gegen die Meerengen des Bosporus und der Dardanellen zu.
1914	Die Briten annektierten Zypern am 5. November 1914, kurz nach dem Eintritt des Osmanischen Reiches in den Ersten Weltkrieg auf Seiten der Mittelmächte. Mit dem Friedensvertrag von Lausanne (1923) wurde die Annexion völkerrechtlich legitimiert.
1925	Zypern wird britische Kronkolonie. Noch heute gibt es in Akrotiri und Dhekelia zwei britische Stützpunkte auf der Insel.
1955	Nach ersten gewaltsamen Aufständen gegen die britische Herrschaft in den 1930er Jahren, bringt erst der Beginn des Zweiten Weltkrieges nach und nach eine Veränderung der Verhältnisse. 1943 werden Kommunalwahlen im Land abgehalten, 1947 wird mit Makarios II. erstmals wieder ein Erzbischof gewählt. Dieser lässt 1950 eine Volksabstimmung durchführen, bei der 96 Prozent der Zyperngriechen für den Anschluss an Griechenland stimmen. 1955 beginnt der bewaffnete Befreiungskampf der EOKA (Ethniki Organosis Kiprion Agoniston – Nationale Organisation der zypriotischen Kämpfer) unter Oberst Georgios Grivas, der sich auch gegen die Inseltürken richtete.

Die Republik Zypern (seit 1960)

1960	Unabhängigkeitserklärung Zyperns durch die Großmächte. Die griechisch- und türkischsprachige Volksgruppe waren gleichberechtigt. Erster Staatspräsident wird Erzbischof Makarios (1913–1977). Die Verfassung räumte der türkischen Minderheit feste Repräsentationsrechte ein, insbesondere erhielt der stets von türkisch-zypriotischer Seite gestellte Vizepräsident umfassende Vetorechte. Zypern wird in die Vereinten Nationen aufgenommen.
1963	Nachdem Makarios 1963 mit einer Verfassungsänderung das Vetorecht des Vizepräsidenten abschaffen will, kommt es zu einem Bürgerkrieg zwischen Zyperngriechen und -türken, der durch die Entsendung von UN-Friedenstruppen am 10. August 1964 beendet wird. In der Folge kommt es zur politischen und ökonomischen Trennung der Volksgruppen.

Türkische Besatzung und Teilung der Insel (seit 1974)

1974	Nach dem Militärputsch in Griechenland verstärkt die Militärjunta die Vereinigungsbemühungen und bekämpft sowohl die Türkzyprer als auch Makarios, der mit den Blockfreien sympathisiert. Am 15. Juli 1974 putscht die Nationalgarde, unterstützt von der griechischen Junta, erfolgreich gegen Makarios, um den Anschluss Zyperns an Griechenland zu erzwingen. Als eine der Garantiemächte reagiert die Türkei hierauf mit der Entsendung von Truppen. Nach Beendigung des Militärputschs erobert sie den Nordteil der Insel und bringt 38,5 Prozent des Staatsgebiets unter ihre Kontrolle.
1983	Ein nordzyprischer Teilstaat wird gebildet, der sich seit 1983 „Türkische Republik Nordzypern" (TRN) nennt. Seit dieser Zeit ist die Insel geteilt, eine von UN-Soldaten bewachte Demarkationslinie trennt Nord- von Südzypern. Die TRN ist bis heute außer von der Türkei von keinem Staat der Erde völkerrechtlich anerkannt.

Mitgliedschaft in der Europäischen Union (seit 2004)	
2004	Bei einer Volksabstimmung am 24. April scheitert die Wiedervereinigung Zyperns am „Nein“ der zyprischen Griechen zum Plan des UNO-Generalsekretärs Kofi Annan. Am 01. Mai wird Zypern Mitglied der Europäischen Union. Aufgrund der faktischen Teilung des Landes gilt EU-Recht jedoch nur im Südteil der Insel.
2008	Einführung des Euro als Landeswährung.
2013	Die Finanzkrise trifft Zypern hart, das Land erhält von der sogenannten „Troika“ aus EU, Europäischer Zentralbank und Internationalem Währungsfonds (IWF) ein zehn Milliarden schweres Rettungspaket. Schon 2016 kann Zypern nach nur drei Jahren den Rettungsschirm wieder verlassen. Dazu trug ein großer politischer Konsens unter den Parteien ebenso bei wie weitreichende Umstrukturierungen des Bankensektors.

Kulinarisches Páfos – Essen und Trinken

„Linking Continents – Bridging Cultures": Dieses Motto von Páfos 2017 ist nirgends so unmittelbar erlebbar wie beim Essen und Trinken! Spannend und vielfältig wie die Geschichte Zyperns ist auch die Küche des Landes. Zwar finden sich auf Zypern auch Restaurants mit internationaler Küche. Besucher sollten es sich aber nicht entgehen lassen, die schmackhafte mediterrane Küche Zyperns zu probieren.

Sie vereint griechische und türkische Kochkunst mit Einflüssen aus dem Mittleren Osten, Kleinasien, dem arabischen Raum sowie aus England und Italien. Sowohl im Süden als auch im Norden verwenden die Zyprer dieselben Zutaten und kochen ähnliche Gerichte. Der Hauptunterschied besteht darin, dass im türkisch okkupierten Norden aus religiösen Gründen kein Schweinefleisch gegessen wird. Gekocht wird überwiegend frisch, traditionelle Gewürze wie Koriander, Petersilie, Zimt und Zitrone bestimmen den Geschmack. Die vielfältigen kulturellen Einflüsse zeigen sich bei der Verwendung von Estragon, Basilikum, Rucola (Italien), Kardamon, Zimt, Kreuzkümmel und Joghurt (arabischer Raum). Knoblauch findet zwar Verwendung, jedoch in viel geringerem Umfang als in Griechenland. Mit der englischen Kolonialzeit fanden asiatische Zutaten wie Curry und Ingwer Eingang in die zyprische Küche.

Vorspeisen

Als Vorspeisen werden Salate, vor allem Bauernsalat mit Schafskäse, Oliven, Tachini (Sesamsoße) und Talatoúri (die zyprische, meist knoblauchlose Variation des griechischen Tsatziki) mit Weißbrot gereicht.

Fleischgerichte

Wer an den Wochenenden durch Páfos schlendert, erkennt schnell die kulinarische Leidenschaft der Zyprer: Fleisch vom Holzkohlengrill. Überall vor den Restaurants drehen über der Glut riesige Souvlaki-Spieße (in Zitrone und Gewürzen mariniertes Lamm- oder Ziegenfleisch). Für Abwechslung sorgen Sieftaliá, in einem aufgeschnittenen Fladenbrot mit Tomaten und Gurkenscheiben servierten Hackfleischröllchen. Der Duft in den Straßen lässt einem das Wasser im Munde zusammenlaufen!

Herrlich munden die Loukánika, dunkle Schweinswürste, deren Zutaten in Rotwein getränkt werden, bevor sie zu Wurst verarbeitet werden. Nicht entgehen lassen sollte man sich das mit Koriander gewürzte Loúntza, das dem deutschen Kassler ähnelt und gerne zusammen mit Oliven als Beilage zum Tresterschnaps Zivania gegessen wird.

Kléftiko, eine andere Spezialität der zyprischen Küche, steht in den meisten Restaurants nur an bestimmten Tagen auf der Speisekarte. Ursprünglich wurde das

Ziegenfleisch von den „Kléftikos“ (zyprische Widerstandskämpfer gegen die osmanische Fremdherrschaft im 19. Jahrhundert) in Lehmöfen zubereitet, die in den Boden gegraben wurden. Durch lange Garzeiten von zwei Tagen im luftdicht verschlossenen Ofen wird das Fleisch außen knusprig und innen zart. Mit dieser Methode, die auch heute noch in Zypern zu finden ist, bekam man selbst die zähesten und ältesten Böcke butterweich. Serviert wird Kléftiko mit Bratkartoffeln oder Brot sowie Bauernsalat.

Tipp

Manche Leute aus Páfos sind davon überzeugt, dass das beste Kléftiko im ganzen Bezirk in der Taverne Smigiés bei Neo Chorio zubereitet wird (nur freitags und samstags). Das im Lehmofen gekochte Fleisch wird dort mit einem Netz zusammengehalten, damit es nicht auseinanderfällt. Auch die Mezé ist hervorragend. Mag sein. Auch richtig ist, dass in der Stadt Páfos das Kléftiko zumeist nicht in den traditionellen Lehmöfen und schon gar nicht über einen Zeitraum von zwei Tagen zubereitet wird. Wer die Fahrt nach Neo Chorio scheut, der findet in der Taverne „Hondros“ direkt neben dem öffentlichen Parkplatz am Hafen ein Kléftiko, das dem von Smigiés Taverne in nichts nachsteht! Auch die anderen Gerichte im „Hondros“ sind sehr lecker!

Taverne Hondros, Káto Páfos, 96 Apostolos Pavlos Avenue, Tel.: 00357 26 93 42 56
Taverne Smigiés, Neo Chorio, Tel.: 00357 99 60 40 07

Häufig steht auch Pilaw auf der Speisekarte. Hierbei handelt es sich um Reis, der in einem Topf zusammen mit Fleisch, Gemüse und Kräutern geschmort und weich gekocht und sowohl als Hauptmahlzeit als auch als Beilage angeboten wird. Das verwendete Fleisch und die Gewürze des Reiseintopfes variieren von Region zu Region.

i Info

Eine große Menge an Fleisch stammt nicht aus einheimischer Produktion. Da es auf Zypern (so gut wie) keine Mastbetriebe zur Fleischproduktion gibt, muss Fleisch importiert werden.

Fischgerichte

Fischgerichte gehören nicht zu den traditionellen Speisen auf Zypern. Warum dies so ist, lässt sich nicht eindeutig klären. Der wahrscheinlichste Grund ist, dass die Küstenregionen seit der Antike immer wieder Ziel von Überfällen waren. Deshalb suchten die Bewohner Schutz im Landesinneren. Fischgerichte auf Zypern sind daher oft einfach gebraten, gegrillt oder frittiert. Erst mit der Zunahme des Massentourismus seit den 1980er Jahren findet man in den Küstendörfern und -städten wie Páfos verstärkt Tavernen und Restaurants, die eine Vielzahl von Fischgerichten im Angebot haben. Dort kann man sich frisch vom Grill hochwertige Leckerbissen wie Meeräschen oder Meerbarben, aber auch Thunfisch, Sardinen, Sardellen und Schwertfisch schmecken lassen.

Wie in anderen Mittelmeerländern auch, sind die Küsten Zyperns überfischt. Insbesondere in den Sommermonaten, wenn die Zahl der Urlauber stark ansteigt, kann die Nachfrage nach fangfrischem Frischfisch nicht mehr durch die örtlichen Fischer befriedigt werden. In großen Mengen wird Fisch importiert oder aus zyprischen Fischfarmen bezogen. Bekommt man in den Sommermonaten dennoch fangfrischen Fisch, ist er entsprechend teuer. In den Wintermonaten sieht die Versorgung dagegen besser aus: die Auswahl an frischem Fisch und Meeresfrüchten ist reichlich und die Preise günstig.

Die Preise für Fisch berechnen sich meist – vor allem bei Edelfischen – nach dem Gewicht und danach, ob es sich um frisch vor Ort gefischte Fische, um in Fischfarmen in zyprischen Stauseen gezüchtete Süßwasserfische oder um tiefgefrorene Importware handelt.

Tipp

Direkt am Hafen findet man fangfrischen Fisch in den drei Restaurants „Theo's Fish", „Pelican" und „Poseidon". Alle drei haben in etwa dasselbe Speiseangebot und liegen auch preislich nahe beieinander. Auf den Karten ist vermerkt, welche Fische frisch und welche importiert sind. Wer nach dem „Catch of the Day" fragt, bekommt garantiert ein gutes Essen in romantischer Lage auf einer Terrasse direkt am Hafenbecken mit Blick auf das angestrahlte Fort. Etwas außerhalb, am Ende der Poseidon-Straße lässt sich vortrefflich in der etwas versteckt liegenden *Atlantida Fish Taverne* (Turistiki Platz, Tel.: 00357 26 96 45 25) direkt am Ufer speisen. In der Oberstadt bekommt man in *Christos Grillhouse* (Petraki Miltiadous, Tel.: 00357 26 93 27 95) leckere Gerichte mit gegrilltem Fisch, die man auf der Terrasse mit schönem Blick auf das Meer genießen kann.

Vegetarische Speisen

Auch wenn der erste Eindruck angesichts der Vorliebe der Zyprer für das Grillen ein anderer ist: Neben den Fleischgerichten hat sich auch eine große Vielfalt an vegetarischen Speisen etabliert. Dies rührt unter anderem daher, dass einer alten Glaubensregel zufolge orthodoxe Christen an 150 Tagen im Jahr nichts Tierisches zu sich nehmen dürfen.

Unbedingt kosten muss man – nicht nur als Vegetarier – Zyperns berühmten Halloumi, einen aus Schafs- und Ziegenmilch hergestellten milden, festen Käse, der in einer Minzlake aufbewahrt wird. Er wird auf die verschiedensten Arten verspeist. Besonders gut ist die gegrillte Variante, aber auch gebraten oder frisch schmeckt der Käse immer gut. Im Sommer wird gerne eine Wassermelone dazu serviert – eine ungewöhnliche, aber schmackhafte Kombination. In den Schnellrestaurants bekommt man Halloumi mit Gurke und Tomate in einer Pitta gereicht.

t Tipp

Eine gute Auswahl an vegetarischen Gerichten (aber auch Mezé und Grillgerichte) bietet in außergewöhnlichem Ambiente die *Agora Taverne* (Kennedy Square, Tel.: 00357 99 61 18 17) in Ktima. Im ersten Stock eines stilvoll eingerichteten alten Wohnhauses genießt man liebevoll zubereitete und hervorragende Speisen. Auch der Service ist hervorragend, die jungen Besitzer erläutern auf Wunsch gerne die einzelnen Speisen.

Sehr gut schmecken die Salate, die aus Tomaten, Gurken, Kopfsalat, Artischocken, Kohlrabi, Karotten, Paprika, Korianderkraut und Weißkohl bestehen und die mit dem lokalen, sehr schmackhaften Olivenöl und Zitrone zubereitet werden. Eine große Schüssel Salat ist immer auch Bestandteil einer „Full-Mezé" (siehe nächster Abschnitt).

Häufig werden auch fleischlose Suppen aus Bohnen, Linsen und Tomaten serviert, ebenso wie verschiedene Giachni-Gerichte, also Gemüse oder Hülsenfrüchte mit frisch gekochter Tomate. Ob gebraten, gefüllt und überbacken oder gekocht in Zitrone und Olivenöl eingelegt: Auberginen, Zucchini, Kürbis, grüne Bohnen, Erbsen und Rote Rüben runden das vegetarische Speisenangebot ab.

Mezé

Am besten lernt man die zyprische Küche kennen, indem man das klassische Mezé bestellt. Bei Mezé (vom persischen „mazze" = „Geschmack", „Imbiss" abgeleitet und auch im Türkischen gebräuchlich) handelt es sich ursprünglich um eine kleine Zwischenmahlzeit mit Oliven, Käse, frischen Tomaten- und Gurkenscheiben, die man zusammen mit einem alkoholischen Getränk und natürlich in Gesellschaft zu sich nimmt. Anders als in Westeuropa ist es auf Zypern unüblich, Alkohol zu trinken, ohne dazu eine Kleinigkeit zu essen.

In jedem Ort auf Zypern findet man typische Tavernen, die Mezé nicht nur als Snack anbieten, sondern auch als komplette Mahlzeit. Das ist in aller Regel ein Überraschungs-Menü und nichts für kleine Mägen! Es wird in vielen Gängen alles angeboten, was dem Koch in der Küche zur Verfügung steht. Der Tisch füllt sich schnell mit zehn und mehr Tellerchen und Schälchen, gefüllt mit köstlichen kalten und warmen Spezialitäten. Jeder am Tisch nimmt sich nach Belieben, kaum ist ein Schüsselchen leer, stellt die Kellnerin ein oder mehrere neue hinzu. Aus 15 bis 30 Gerichten besteht eine „Full-Mezé", oft kann man zwischen Fleisch- und Fisch-Mezés wählen. Für Touristen werden gelegentlich auch vegetarische Varianten angeboten.

So bekommt man bei einer Mezé, zu der ein zyprischer Rotwein ebenso gut wie ein Bier passt, einen wunderbaren Überblick über die landestypischen Speisen. Denn jedes Mezé ist anders und kann aus Häppchen von Hummus (Kichererbsenmus), Tzatziki, Taramossala (pinkfarbener Dip aus Fischrogen), Tahinasalat (Dip aus Sesampaste, Olivenöl und Zitrone), Halloumi, Loúntza (Schinken), geschmortes oder frittiertes Gemüse, etwas Fisch, meist gebacken oder frittiert, marinierte oder gebackene Meeresfrüchte und verschiedene Ragouts aus Lamm- und Schweinefleisch bestehen. Dazu gibt es immer eine große Schüssel Salat und Brot.

Machen Sie es wie die Zyprer und lassen Sie sich durch Fülle der Mezé-Gerichten auf dem Tisch nicht zum Schnellessen verleiten. Genießen Sie das langsame Essen und den Abend. Die Gerichte bleiben auf dem Tisch für später, die meisten schmecken auch kalt!

Hier wird die beste Mezé in Páfos serviert:

Fettás Taverne, Ioanni Agroti 33, 8010 Páfos,
Tel.: 00357 26 93 78 22

Taverne Hondros, Káto Páfos, 96 Apostolos Pavlos Avenue,
Tel.: 00357 26 93 42 56

Restaurant im Hotel Kiniras, 91 Makarios Avenue, 8010 Páfos,
Tel.: 00357 99 43 64 42

Georgia Mezé House, Káto Páfos, Tefkros/Ecke Konstantia,
Tel.: 00357 26 94 52 50

Nachtisch und Süßigkeiten

Die Süßigkeiten der Insel entstammen dem Orient und erscheinen für uns Westeuropäer oft extrem süß. Das verwundert kaum, werden doch für die meisten der orientalischen Süßigkeiten die doppelte bis dreifache Menge an Zucker wie bei uns verwendet. Als Nachtisch oder zwischendurch gibt es Halwa (eingelegte Früchte), die auch in Kombination mit Baklavá (Blätterteig) oder Katafi (Fadenteig) angeboten werden. Besonders im Tróodos-Gebirge kann man oft an kleinen Ständen am Straßenrand süße, kandierte Früchte in Zuckersirup aus eigener Herstellung kaufen. Diese Glykos (glyko = süß) werden sehr aufwändig in Handarbeit zubereitet und die Rezepte traditionell nur von der Großmutter an die Mutter oder die Tochter weitergegeben. Sehr gut passen diese Süßigkeiten zu einem frisch gebrühten zyprischen Kaffee.

Getränke

Kaffee wird den ganzen Tag und in vielen Varianten getrunken. Der mit Kaffeesatz servierte Mokka heißt auf Zypern kafés kypriakós. Man bekommt ihn immer zusammen mit einem Glas Wasser.

Als Aperitif ist Zyperns Nationalgetränk, ein Zivania, zu empfehlen. Der hochprozentige Tresterschnaps wird seit dem 14. Jahrhundert, als die Insel unter venezianischer Herrschaft stand, in gleicher Weise hergestellt und ähnelt dem italienischen Grappa. Bei der Herstellung wird Traubentrester (Pressrückstände wie Fruchtfleisch, Schale, Stängel und Kerne) mit qualitativ hochwertigen trockenen Weinen aus den Rebsorten Mavro und Xynisteri gemischt und destilliert. Außer dem klaren gibt es auch einen roten Zivania. Er erhält seine Farbe durch die Zugabe von Zimt. Zivania schmeckt am besten, wenn man ihn direkt aus dem Gefrierschrank eiskalt serviert.

Info

i

Preise in Restaurants und Bars

Essen: Auf der gesamten Insel ist Essengehen erschwinglich, wenn auch nicht ganz billig. Um die Mittagszeit bieten einige Restaurant und Imbisse sowohl im Süden wie Norden Mittagessen für rund 5 € an. Die Preise für eine „Mezé" liegen im Süden bei etwa 12–15 €. Im Norden des Landes liegen die einzelnen Mezé-Gerichte bei ca. 3–5 TL. Die Preise für ein Hauptgericht in den Restaurants liegen bei rund 10–15 € und damit fast so hoch wie in Deutschland.
Trinken: Zyprischer Kaffee: rund 1–2 €, 1 Pint Bier: rund 2,50–3,50 €, 1 Glas Wein: rund 2–3 €, 1 Flasche Wein: rund 15–20 €, Softdrinks: rund 2–3 €, Zivania: 1,50 €. Im Norden sind antialkoholische Getränke etwas günstiger.

Die hervorragenden Weine auf Zypern lassen die Herzen der Weinfreunde höher schlagen. Schon seit rund 6.000 Jahren wird auf Zypern Wein angebaut. Die beiden am häufigsten angebauten Rebsorten sind Mavro und Xynisteri. Xynisteri ist die am weitesten verbreitete weiße Rebsorte und bringt helle, leichte Weißweine mit niedrigem Alkoholgehalt (11–11,5 Vol.-%)

hervor. Die rote Rebsorte Mavro trägt große und saftige Trauben, aus denen dunkle Rotweine von leichtem Geschmack gekeltert werden. Der süße Dessertwein Commandaria entsteht aus dem Verschnitt von Mavro und Xynisteri. Weitere heimische Rebsorten sind die nur in wenigen Regionen angebauten roten Trauben Maratheftiko und Ophthalmo. Auf Zypern werden aber auch ausländische Rebsorten angebaut, darunter die weißen Sorten Chardonnay, Muscat d'Alexandrie, Riesling und Semillon sowie die roten Sorten Cabernet Sauvignon, Grenache Noir und Shiraz.

Auch wenn es einige sehr gute kleinere Weingüter auf Zypern gibt, stammen die meisten der in den Restaurants angebotenen Weine von den vier Großwinzereien des Landes. Auch wenn diese mitunter eine ansprechende Qualität besitzen, sollte man es sich nicht entgehen lassen, eine von drei (oder alle drei) Weinrouten zu befahren (siehe Kapitel 6. Tourenvorschläge).

Bier kommt meistens von der zyprischen Brauerei KEO und von Carlsberg und wird in 0,33 l- und 0,63 l-Flaschen verkauft. Auch in den Lokalen steht Flaschenbier auf der Getränkekarte, frisch gezapftes Bier findet man seltener.

Seit der britischen Kolonialzeit hat sich auch Brandy als Getränk zum Essen etabliert. In den Bars trinkt man ihn als Brandy sour.

Wer einfach nur etwas trinken und dazu vielleicht eine Kleinigkeit zum Essen haben möchte, der ist hier an der richtigen Stelle: Tagsüber kann man in der *Light House Beach Snack Bar* (Eleutheriou Chandrinou, Tel.: 00357 99 647179) am Stadtstrand hinter dem Archäologischen Park oder in *Ricco's Beach Bar* (Geroskipou, Stadtstrand nach dem Aphrodite-Wasserpark) wunderbar bei einem Softdrink oder Cocktail mit Blick aufs Meer entspannen. Und wer dazwischen ein Bad im klaren Wasser des Mittelmeeres nehmen will, sollte Badesachen und Sonnencreme nicht vergessen! Abends gibt es in Káto Páfos eine riesige Auswahl an Bars. Neben den an anderer Stelle vorgestellten *Páfos 2017 – Pubs* haben mir das *Steve's Coffee House* und die *Delicious Bar (mit angeschlossenem Castle Restaurant)* direkt am Hafenbecken am besten gefallen. Das Steve's ist das einzige Raucherlokal weit und breit mit guter Musik, guten Cocktails und einer reichhaltigen Bierauswahl. Die Delicious Bar ist eine Mischung aus Sportbar, Café und Restaurant. Zu den Getränken empfehlen sich die schmackhaften, hausgemachten Burger. Beide haben einen supernetten Service und werden gerne auch von jungen Paphiern besucht.
In Ktima lässt sich im *Sovos Cafe* (Petraki Miltiadou, nahe der Martkhalle) mit Blick auf Káto Páfos und das Meer hervorragend zyprisch oder britisch frühstücken. Ein besonderes Ambiente bietet das *Café im The Place* (Kanari 56, Tel.: 00357 26 10 19 55). Hier werden regionale Produkte wie Seife, Honig, Wein, Töpferarbeiten und anderes verkauft. An manchen Tagen finden Handwerkskurse statt, für die eine Voranmeldung erforderlich ist. Im kleinen Café kann man Kaffee trinken, aber auch die Weine und kleine Speisen aus regionalen Produkten probieren.

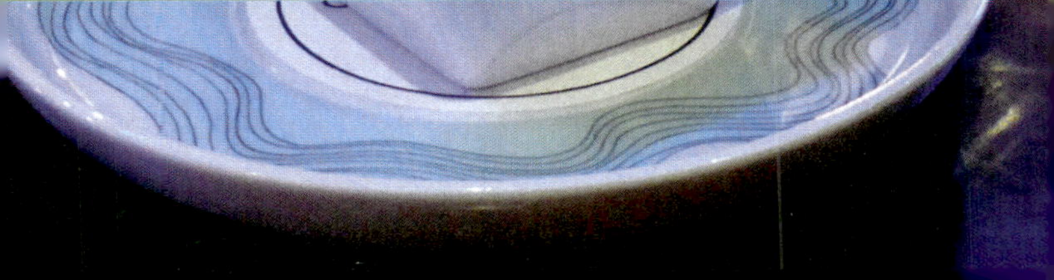

i

Tischsitten auf Zypern

Wer gegen 21 Uhr im Restaurant eintrifft, kommt genau richtig. Erst dann füllen sich nach und nach die Plätze an den Tischen. Zyprer gehen zumeist in größeren Gruppen aus. Zweiertische sind daher eher selten und man sitzt häufig mit anderen Gästen zusammen. Dies gilt zumindest in den Lokalen, die außerhalb der Touristenzentren liegen.

Die Essensrechnung wird immer für den ganzen Tisch erstellt und es bezahlt (fast) immer einer für alle. Wer das nicht möchte (zum Beispiel weil man sich nur zufällig in der Tischgemeinschaft befunden hat), sollte dies nach Möglichkeit vorher der Bedienung mitteilen. Man kann natürlich auch den aufgerundeten Betrag für das eigene Essen dem Zahlenden diskret zustecken. Einfacher ist es, sich herzlich für die Gastfreundschaft zu bedanken und es als Ehre anzusehen, von den Einheimischen in die Runde aufgenommen worden zu sein. Vielleicht kann man sich auch mit einem Zivania zum Abschluss noch revanchieren.

Tourenvorschläge

Die folgenden Tourenvorschläge des Autors dienen als Anregung, wie man die einzelnen Sehenswürdigkeiten in und um Páfos gut miteinander verbinden kann. Natürlich können immer auch einzelne Bausteine weggelassen oder um andere ergänzt werden.

Kultureller Spaziergang von den Königsgräbern entlang der Küste zum Hafen und zum Archäologiepark (Dauer: 5–6 Stunden)

Besichtigung der Königsgräber (1,5 Std.) – Spaziergang am Meer zum Hafen mit Pause in der Lighthouse Beach Bar (1,5 Std.) – Besichtigung des Hafenforts (0,5 Std.) – Besichtigung des Archäologieparks (2 Std.) – Abschluss in einem der Cafés am Hafen

Die beiden touristischen Hauptattraktionen von Páfos lassen sich gut mit einem knapp einstündigen

Spaziergang am Meer verbinden. Nach der Besichtigung der Königsgräber (s. S. 62) geht man vom Eingang zurück auf die Tombs-of-the-Kings-Road und folgt der Straße Richtung Kato Páfos für rund 250 Meter. Nach dem KFC biegt man rechts in eine kleine Straße ab, die zum Hotel „Elysium" führt. Man betritt das luxuriöse Hotel und verlässt es wieder auf der Pool-Seite. Von dort sind es nur wenige Meter bis zum Coastal Broadwalk, der entlang der Küste vorbei an einigen Apartmentanlagen, dem Stadtstrand mit der Lighthouse Beach Bar und dem Gelände des Archäologieparks bis zum Hafen führt. Wer möchte, kann das interessante Fort (s. S. 80) besichtigen. Ein Muss dagegen ist der Archäologiepark (s. S. 60) mit seinen einzigartigen antiken Bodenmosaiken. Zum Abschluss der Tour sucht man sich einen Platz in einem der zahlreichen Restaurants und Cafés am Hafen.

Liebe und Krieg: Vom Aphrodite-Heiligtum in Koúklia zum Marcello-Hügel (Dauer: 4 Stunden)

Fahrt entlang der Küstenstraße nach Koúklia (0,5 Std.) – Besichtigung des Aphrodite-Heiligtums mit Museum in der Festung Covocle (1,5 Std.) – Spaziergang zum Marcello-Hügel (0,5 Std.) – Besichtigung der Ausgrabungsstätte Marcello-Hügel (1 Std.) – Rückfahrt nach Páfos (0,5 Std.)

Von Páfos aus fährt man entlang der Küstenstraße mit zum Teil malerischem Ausblick auf das Meer bis nach Alt-Páphos (heute: Koúklia). Dort parkt man in der Dorfmitte auf dem kostenlosen Parkplatz nahe am Eingang zum Aphrodite-Heiligtum. Im Aphrodite-Heiligtum (s. S. 69) selbst kann man einige Überreste der alten Gebäude und somit den Grundriss der ursprünglichen Anlage erahnen. Hinweistafeln helfen einem dabei. Interessant ist das Museum in der Lusignan-Festung Cocovle am Ende der Ausgrabungsstätte mit einigen kulturhistorisch wertvollen und ästhetischen Gegenständen und Bildern, etwa das von Leda mit dem Schwan. Wieder am Ausgang hält man sich am Parkplatz rechts und folgt der Ausschilderung „Snake Park" bis man auf eine größere Straße stößt. Auf diese biegt man links ab und folgt dem Straßenverlauf Richtung Archimandrita am „Snake Park" und einem Kindergarten vorbei für rund 600 Meter. Alternativ dazu kann man auch im Ortskern etwa 50 Meter nach Gabriel's Tavern links in eine kleine Straße einbiegen, deren Verlauf bis zu einer Weggabelung folgen und sich dann rechts halten, bis man in Höhe des Kindergartens auf die Straße stößt. Die für Touristen nicht erschlossene Ausgrabungsstätte Marcello-Hügel (s. S. 85) liegt etwas geduckt und umgeben von einem Zaun etwa 50 Meter entfernt von der Straße. Man erreicht das Tor über einen Feldweg. Es ist meist geöffnet (wer sicher gehen will, fragt das Personal im Aphrodite-Heiligtum). Die Besichtigung beginnt man am besten an dem leicht erkennbaren, allein stehenden Johannisbrotbaum. Nach dem Rundgang und einer Tunneldurchquerung geht es zurück nach Koúklia und von dort mit dem Auto nach Páfos.

Wandern auf der Akámas-Halbinsel: Über Polis zum Bad der Aphrodite. Von dort wandern auf den Naturlehrpfaden Aphrodite- oder Adonis-Trail (Dauer: 6–8 Stunden)

Mit dem PKW von Páfos über Polis entlang der Küste zum Bad der Aphrodite (1 Std.) – Spaziergang durch den kleine Park mit dem Bad der Aphrodite (0,5 Std.) – Wanderung auf einem oder beiden Naturlehrpfaden Aphrodite- und Adonis-Trail (3–5 Std.) – Abschluss im staatlichen Fischrestaurant am Parkplatz des Bades (1 Std.) – Rückfahrt nach Páfos (1 Std.)

Von Páfos aus fährt man auf der B7 nach Polis und von dort entlang der Küste bis zum Bad der Aphrodite (s. S. 73). Gegenüber eines staatlich geführten Fischrestaurant, in dem sich ganz passabel zu vernünftigen Preisen speisen lässt, befindet sich der Parkplatz. Nach einem kurzen Spaziergang durch den kleinen Park mit dem Bad der Aphrodite verlässt man das Gelände durch den hinteren Ausgang. Von dort zweigt nach wenigen Metern ein unscheinbarer Pfad nach links ab (Wegmarkierung). Der Weg führt zunächst rund 1,5 Kilometer steil bergauf. Das Gelände wird schließlich ein kurzes Stück eben. Hier folgt man einem ausgeschilderten Pfad nach links bis zur Pýrgos tis Rígenas (Burg der Königin). Für diesen beschwerlichsten Teil der Wanderung kann man in den Sommermonaten Esel mit Führer mieten. Von hier aus geht es nach rechts auf den Aphrodite- oder nach links auf den Adonis-Trail. Beide Rundwege, die wieder zum Ausgangspunkt zurückführen, sind etwa gleich lang, gut beschildert und dauern von hier ab gute zwei Stunden. Beide belohnen die Mühe mit atemberaubenden Ausblicken auf das Meer. Wer möchte, kann die Touren miteinander kombinieren und erhält so eine (mit Aufstieg) gut fünfeinhalbstündige Wanderung. Vor der Rückfahrt nach Páfos sollte man sich einen Fisch im Restaurant am Parkplatz nicht entgehen lassen.

Der Stadt entfliehen: Von Páfos über das Künstlerdorf Lémba, der Ausgrabungsstätte Agíos Geórgios Pégeias und der Avakás- (oder Avgás-) Schlucht bis zum Lára-Strand (8 Stunden)

Fahrt von Páfos über die Küstenstraße nach Lémba (0,5 Std.) – Besuch des Cyprus College of Art (0,5 Std. und der Lémba Experimental Village (1 Std. mit Spaziergang) – Weiterfahrt nach Àgios Georgios Pégeias (0,5 Std.) – Besuch der Frühchristlichen Basilika (0,5 Std.) – Weiterfahrt auf die Akámas-Halbinsel – Kleine Wanderung in die Avakás-Schlucht (1,5 Std.) – Relaxen und Baden am Lára-Beach (2 Std.) – Rückfahrt nach Páfos (1,5 Std.)

Entlang der Küstenstraße Richtung Akámas-Halbinsel erreicht man das Künstlerdorf Lémba, indem man bei Kissónerga auf die rechts ins Hinterland führende Straße abbiegt. In Lémba parkt man sein Auto direkt vor dem Cyprus College of Art (s. S. 89). Nach der Besichtigung schlendert man in rund 20 Minuten. durch die Dorfstraße, wo weitere Kunstwerke in den Gärten zu bewundern sind, zur Lémba Experimental Village am Ortsausgang gelegen (s. S. 89). Nach der Besichtigung dieser kupfersteinzeitlichen Siedlung führt der Weg weiter zurück zur Küstenstraße und von dort an Coral Bay vorbei bis Agíos Geórgios Pégeias, wo der Besuch der Ausgrabungsstätte einer frühchristlichen Basilika lohnt (s. S. 88). Fährt man weiter, geht die Straße in eine Schotterpiste über, die nach einigen hundert Metern zum Parkplatz der Avakás-Schlucht führt. Nach Rast an der Picknickhütte beim Parkplatz begibt man sich auf den offiziellen Weg in die Schlucht (hin und zurück drei Kilometer; wer die Schlucht komplett durchwandern will, sollte dies als eigenständige Tagestour mit Abschluss am Meer planen). Wieder zurück am Auto, folgt man der Schotterpiste für weitere zwei Kilometer und biegt dann bei einem Hinweisschild „Lara Bay Rest." links ab zum Restaurant des Lára-Strandes. Dort lässt man den Nachmittag bei einem kalten Getränk, leckerem Essen und einem herrlichen Blick auf die Bucht und das Meer ausklingen. Wer möchte kann ein Bad im Meer nehmen. Zurück über die Küstenstraße nach Páfos.

Von Páfos ins östliche Hinterland und in den Páfos-Wald (9,5 Stunden)

Mit dem PKW von Páfos bis Páno Panagía (1 Std.) – Besichtigung des Klosters Agía Moni (1 Std.) – Weiterfahrt nach Stavrós tis Psókas im Páfos-Wald (0,5 Std.) – Mittagspause in der Forststation und Rundgang um das Rotwildgehege (1,5 Std.) – Fahrt zum Kloster Kýkko (0,5 Std.) – Besichtigung des Klosters (2 Std.) – Rückfahrt zur Vouni Panayia Winery mit Weinprobe und Imbiss (2 Std.) und weiter nach Páfos (1 Std.)

Alternativen: Wanderung auf dem Vouni Path Trail bei Páno Panagía (3 – 4 Std.) und kleine Wanderungen bei Stavrós tis Psókas (1,5 – 2 Std.). Entsprechend muss dann das anschließende Programm angepasst werden.

Man verlässt Páfos im Norden über die B7 Richtung Polis. Kurz vor dem Ort Stroumpi mit seiner aus dem TV bekannten „Stroumpi Police Station" biegt man rechts ab in Richtung Polemi / Stavrós tis Psókas (braunes Schild). Von dort fährt man weiter über Páno Panagía zur ersten Station, dem ältesten Kloster Zyperns, Agía Moni. Alternative: Wer möchte, kann von hier aus den anspruchsvollen Vouni Path Trail (9,8 Kilometer, 1.100 Höhenmeter, Dauer: 3 – 4 Stunden) laufen und die nachfolgende Tour entsprechend abkürzen. Die Tour selbst führt zunächst zurück an Páno Panagía vorbei (Achtung! Nicht hier nach Stavrós abbiegen.) Richtung Polemi bis am Kannaviou-Staudamm erneut eine Abzweigung rechts nach Stavrós führt, die deutlich kürzer ist. Bei der Forststation (s. S. 98 ff.) Rast mit Mittagessen im dortigen Restaurant. Anschließend kleiner Spaziergang rund um das Rotwildgehege. Alternativ dazu sind zwei kleinere Wanderungen zu empfehlen: die eine beginnt rund 1,5 Kilometer hinter Stavrós an der Straße nach Kýkko (Länge: 5 Kilometer), die andere startet an der Verzweigung der Hauptstraße nach Kýkko und Pýrgos (Länge: 2 Kilometer). Beide Wege sind gut ausgeschildert. Weiter geht es anschließend durchs Zederntal nach Kýkko, dem meistbesuchten Kloster Zyperns (s. S. 78). Auf dem Rückweg nach Páfos machen Weinliebhaber Station bei einem der besten Winzer des Landes, der Vouni Panayia Winery (60 Archiepiskopou Makariou III Ave, Panayia, Website: www.vounipanayiawinery.com), wo man zum Abschluss der Tour eine Weinprobe hervorragend mit einem kleinen Imbiss oder einem frühen Abendessen verbinden kann. Vom Weingut gelangt man in einer knappen Stunde zurück in die Stadt.

Weinrouten im Hügelland des Páfos-Distrikts (je 8–10 Stunden)

Liebhaber guten Weines kommen bei drei Weinrouten auf ihre Kosten, die zu verschiedenen Weingütern im Hügelland des Páfos-Distrikts führen:

Route 1: Laona – Akámas (5 Weingüter)

Route 2: Vouni Panagías – Ampelitis (7 Weingüter)

Route 3: Diarizos-Tal (2 Weingüter)

Die drei Routen wurden von der Cyprus Tourism Organisation (CTO) entwickelt. Ausführliche Routenbeschreibungen stehen auf der CTO-Website www.visitcyprus.com zum Download bereit. Die CTO empfiehlt noch drei weitere Weinrouten außerhalb des Páfos-Distrikts. Unterwegs trifft man auf verschiedene Weingüter, hat Gelegenheit für Spaziergänge und kleine Wanderungen, kann Klöster besichtigen und natürlich Wein verkosten.

Reiseinformationen von A–Z

Anreise

Die Einreise direkt in die zur EU gehörende Republik Zypern ist unkompliziert, dagegen kann der türkische Norden der Insel nur über Umwege erreicht werden.

Die beiden wichtigsten Flughäfen Zyperns sind der Lárnaka International Airport, der auch die Hauptstadt Nikosia bedient, und der Páfos International Airport. Làrnaka wird ganzjährig regelmäßig von den meisten deutschen Flughäfen aus angeflogen. Der kleinere Flughafen in Páfos wird in der Hauptreisezeit ebenfalls von mehreren deutschen Flughäfen (u.a. Frankfurt, München, Berlin, Düsseldorf, Stuttgart, Erfurt) aus bedient, in den Wintermonaten dagegen nur selten angeflogen. Die Flugdauer nach Zypern beträgt etwa 3,5 Stunden.

Die Einreise in das türkisch besetzte Nordzypern ist den Landesgesetzen Zyperns zufolge illegal. Direktflüge gibt es wegen der internationalen Boykottmaßnahmen nur über die Türkei. Deutsche Urlauber, die nach Nordzypern fliegen wollen, müssen somit zunächst Flüge auf das türkische Festland (z.B. Istanbul, Izmir, Antalya) buchen, um von dort zum 18 Kilometer südöstlich von Nikosia gelegenen Ercan International Airport zu gelangen. Viele deutsche Touristen verbinden daher den Urlaub in Nordzypern mit einer Reise in die Türkei. Formal ist nach einer Einreise nach Nordzypern auch eine Weiterreise in den Süden nicht zulässig (seit einigen Jahren aber durchaus gängige Praxis). Umgekehrt können Touristen vom Süden her mit dem Auto oder dem Bus über die Green Line in den Norden fahren. Für die Einreise in den Norden Zyperns ist ein Reisepass, der noch mindestens sechs Monate Gültigkeit besitzt, erforderlich. Die Möglichkeit, Zypern mit der Fähre zu erreichen und so das eigene Auto mit auf die Insel zu nehmen, besteht zurzeit nicht. Den Hafen Kyrenia in Nordzypern erreicht man mit dem Schiff von Taşucu, Silifke auf dem türkischen Festland aus.

Weiterreise ab Flughafen

Wer pauschal gebucht hat, wird häufig mit einem Shuttlebus vom Flughafen zum Hotel gebracht.

Ansonsten erreicht man Páfos vom Flughafen Pafòs aus am günstigsten mit den Stadtbussen, die vor allem die Hotels in Kato Páfos anfahren, seltener auch Ktima (Fahrpläne: www.Páfosbuses.com, Tel.: 00357 26 93 42 52 oder auf Zypern kostenfrei 8000 5588). Mit dem Taxi kostet eine Fahrt nach Páfos rund 20 €.

Vom Flughafen Larnaka verkehren regelmäßig Busse der Busgesellschaft Zinonas (www.zinonas buses.com, Tel.: 00357 24 66 55 31, auf Zypern kostenfrei: 8000 77 44) und die blauen Stadtbussen nach Larnaka. Von dort gibt es Anschlüsse über Limassol nach Páfos mit grünen Intercity Bussen (www.inter city-buses.com, Tel.: 00357 24 64 34 93, auf Zypern kostenfrei: 8000 77 89). Eine Taxifahrt ins Zentrum von Larnaka kostet rund 15 €.

Natürlich kann man auch direkt am Flughafen bereits einen Mietwagen nehmen und selbst fahren. Alle internationalen Mietwagenunternehmen haben Abholstationen an den beiden Flughäfen. Auch zyprische Autovermieter, die meist etwas preiswerter sind, findet man dort. Weitere Infos siehe „Unterwegs in Zypern".

Tipp

t

Umwelt- und klimaverträglich reisen

Reisen verbindet die Menschen und Kulturen rund um unseren Globus. Gerade Flugreisen belasten jedoch auch in hohem Maße das Klima. Ich möchte allen Leserinnen und Lesern die folgenden Internetseiten empfehlen. Sie erhalten dort einige Tipps, wie Sie ihre Reisen umweltbewusster und nachhaltiger organisieren können. Bei der gemeinnützigen Organisation Atmosfair (www.atmosfair.de) können Reisende ihren CO_2-Fußabdruck berechnen und freiwillig einen kilometerabhängigen Betrag für die von ihnen verursachten Emissionen spenden (Bei einem Hin- und Rückflug von Deutschland nach Zypern beträgt der CO_2-Ausstoß rund 1.380 Kilogramm. Damit könnte man rund 12.000 Kilometer mit dem Auto zurücklegen. Der Kompensationsbeitrag beträgt 32 €). Der Betrag wird dazu verwendet, in Entwicklungsländern Klimaschutzprojekte zu fördern und den Menschen vor Ort Zugang zu sauberer und ständig verfügbarer Energie zu ermöglichen. Auf den Internetseiten des Verbands Ökologischer Tourismus in Europa e. V. (www.zukunft-reisen.de) erfahren Sie, wie Sie sozial- und umweltverträglich reisen können.

Auf Zypern

Deutsche Botschaft

Nikitaras 10, 1080 Nikosia
Tel.: 00357 22 45 11 45
E-Mail: info@nikosia.diplo.de

Nordbüro der Deutschen Botschaft

(im Konsulargebäude der British High Commission)
Mehmet Akif Caddesi 29, Lefkosa
Tel.: 0090 39 22 27 51 61
E-Mail: nordbuero.diplo.de@gmail.com

Schweizerische Botschaft

Medcon Tower, 6th floor
Themistocles Dervis Street 46, 1066 Nikosia
Tel : 00357 22 46 68 00
E-Mail: nic.vertretung@eda.admin.ch

Österreichische Botschaft in Zypern

Dimosthenous Severi Avenue 34, 1080 Nikosia
Tel.: 0357 22 41 01 51
E-Mail: nicosia-ob@bmeia.gv.at

In Deutschland

Botschaft der Republik Zypern

Kurfürstendamm 182, 10707 Berlin
Tel.: 0049 303 08 68 30
E-Mail: info@botschaft-zypern.de

Ehrenamtliche Repräsentanz der Türkischen Republik Nordzypern

Lena-Christ-Straße 2, 85716 Unterschleißheim
Tel.: 0049 89 17 92 45 00
E-Mail: über Kontaktfeld von
trncmunich.wordpress.com

In der Schweiz

Konsulat der Republik Zypern

Schanzengraben 27, 8002 Zürich
Tel.: 0041 445 15 25 10
E-Mail: info@cyconsul.ch

In Österreich

Botschaft der Republik Zypern

Neulinggasse 37/4, 1030 Wien
Tel.: 0043 15 13 06 30
E-Mail: office@cyprusembassy.at

Für Reisende aus den EU-Mitgliedsstaaten (und aus Island, Liechtenstein, Norwegen und der Schweiz) ist ein gültiger Personalausweis ausreichend. Kinder unter 16 Jahren müssen einen Kinderreisepass beziehungsweise Kinderausweis vorlegen. Kindereinträge im Reisepass eines Elternteils sind seit dem 26.06.2012 nicht mehr gültig. Alleinreisende Minderjährige sollten eine beglaubigte Einverständniserklärung der Erziehungsberechtigten mit sich führen. BürgerInnen aus anderen Staaten müssen einen gültigen Reisepass mit sich führen. Für eine Aufenthaltsdauer von mehr als drei Monaten wird ein Visum benötigt.

Eine Einreise nach Nordzypern ist dagegen für alle Reisenden nur mit einem Reisepass möglich, der noch mindestens sechs Monate gültig ist. Bitte beachten Sie, dass sowohl Griechenland als auch die Republik Zypern die Einreise verweigern können, sobald ein nordzypriotischer Sichtvermerk im Pass enthalten ist. Deshalb lassen Sie bei der Einreise nach Nordzypern unbedingt nicht den Pass, sondern die vorliegenden Formulare stempeln. Dies ist eine durchaus übliche Vorgehensweise.

EU-Bürger über 17 Jahren können für ihren persönlichen Bedarf grundsätzlich aus jedem Mitgliedstaat der EU Waren abgabenfrei und ohne Zollformalitäten in ihr Herkunftsland mitbringen. Dies gilt auch für

Waren aus Zypern. Als Richtmengen gelten dabei für Tabakwaren: bis zu 800 Zigaretten, 400 Zigarillos, 200 Zigarren oder 1 Kilogramm Tabak und für Alkohol: bis zu 10 Liter Spirituosen, 90 Liter Wein oder 110 Liter Bier. Für Reisende aus Nicht-EU-Ländern gelten geringere Richtmengen. Weitere Infos: www.zoll.de

Elektrizität

Die Netzspannung beträgt wie in Deutschland 220–240 Volt/Wechselstrom 50 Hertz. Es werden überwiegend britische Steckdosen (drei flache Kontakte), zum Teil auch griechische Steckdosen (3 runde Kontakte) verwendet. Es ist also ratsam, einen Adapter mit auf die Reise zu nehmen oder diesen auf Zypern für ein paar Euro im Elektrogeschäft oder Supermarkt zu kaufen. Häufig kann man sich auch Adapter in den Hotels ausleihen.

Einkaufen

Alle, die gerne Shoppen gehen, finden in Páfos viele Geschäfte und Einkaufsmöglichkeiten, in denen man nahezu alles finden kann, was das Herz begehrt. Zypern ist allerdings kein günstiges Reiseland. Die Preise für die meisten Waren liegen oftmals nur geringfügig unter dem deutschen Preisniveau.

In den touristischen Zentren werden preisgünstige Koffer und Reisetaschen sowie Lederschuhe und Schmuck von guter Qualität angeboten.

Schon seit dem frühen 16. Jahrhundert, als Leonardo da Vinci Zypern einen Besuch abstattete, um hier Spitzen für den Mailänder Dom zu erwerben, gelten handgefertigte Spitzen, Tischwäsche aus handgewebtem Leinen, Leder-, Korb- und Silberwaren sowie Keramik als beliebte Souvenirs. Über Zypern hinaus bekannt sind die „Lefkara-Spitzen“, die im Dorf Lefkara – zwischen Larnaca und Limassol gelegen – hergestellt werden.

Tipp

t

Das Schneidern von Kleidungsstücken nach Maß ist auf der Insel relativ günstig und dauert nur wenige Tage. Außerdem sind Brillengestelle und Kontaktlinsen bei gleicher Qualität rund ein Drittel günstiger als in Deutschland.

Die Zyprer lieben ihren Brandy und auch den Treberschnaps Zivania, der dem italienischen Grappa ähnelt. Auf den Weinrouten findet man hervorragende Rotweine in allen Preisklassen. Besonders in den Bergklöstern, wo auch Weine produziert werden, gibt es hochwertige Olivenöle, in traditioneller Weise von Mönchen hergestellt.

Tipp

t

Durch die vielen Touristen in Lefkara zahlt man dort für die gleichen Artikel oft mehr als in den großen Städten.

Auf Märkten und in kleinen Altstadtlädchen finden Reisende exotische Gewürze und Kräuter, ein beliebtes Mitbringsel sind auch der zypriotische Kaffee und der leckere Thymianhonig.

Beliebte Mitbringsel aus Nordzypern sind Webteppiche (Kelims), Stickereien und Flechtarbeiten aus Schilf- oder Getreidehalmen, sowie Gold- und Lederwaren, die hier oft günstiger sind als im Süden.

Es gelten in der Regel Festpreise; das Feilschen ist nicht mehr üblich.

Tipp

t

Einkaufsmöglichkeiten in Páfos:

Kings Avenue Mall: Klassische Shopping Mall mit über 100 Geschäften, Kino, Cafés und Fast-Food-Läden auf mehreren Ebenen. 2, Corner St. Paul & Tombs of the Kings, 8046 Páfos, www.kingsavenuemall.com
Öffnungszeiten: Mo – Sa 10:00 – 20:00 Uhr, So 11:00 – 19:00 Uhr
Markthalle: Es werden überwiegend Souvenirs verkauft. Direkt vor der Markthalle in Ktima findet man einen kleinen Obst- und Gemüsemarkt, auf dem auch Honig und Öl verkauft wird. Agoras, 8046 Páfos
Öffnungszeiten: Mo, Di, Do, Fr 09:00 – 20:00 Uhr, Mi und Sa 09:00 – 14:00 Uhr, So geschlossen
„The Place" – Cypriot Arts, Crafts, Shop, & Gallery: In einem traditionellen Haus gleich neben den Markthallen findet sich „The Place". Kunst und traditionelles Handwerk (Leder, Spitzen, Stickarbeiten, Mosaiken, Keramik und Töpferwaren), aber auch Wein und Brandy in sehr guter Qualität können zu moderaten Preisen erworben werden. Außerdem können BesucherInnen bei der Herstellung der Handwerksarbeiten zuschauen. Ein kleines Café bietet Getränke und kleine Speisen. Constantinou Kanari 56, 8010 Páfos
Wein: siehe Weinrouten.

Essen und Trinken

Tipps zu Cafés, Restaurants und Bars finden Sie in den Kapiteln „Essen und Trinken“ und „Kulturevents und Höhepunkte von Páfos 2017, Abschnitt: Open Air … Gastronomy“.

Feiertage

Gesetzliche und orthodoxe Feiertage

1. Januar:	Neujahrstag
6. Januar:	Epiphánias (orthodoxes Fest der Taufe Christi) / Heilige Drei Könige
25. März:	Griechischer Unabhängigkeitstag
1. April:	Griechisch-zyprischer Nationalfeiertag
1. Mai:	Tag der Arbeit
15. August:	Maria Himmelfahrt
1. Oktober:	Zyprischer Unabhängigkeitstag
28. Oktober:	Griechischer Nationalfeiertag (Ochi-Tag)
24. Dezember:	Heiligabend
25./26. Dezember:	Weihnachten

Alle öffentlichen Dienste, Banken und viele Geschäfte sind an den gesetzlichen Feiertagen geschlossen. Banken schließen auch am Osterdienstag, jedoch nicht am 24. Dezember.

Bewegliche christliche Feiertage

Rosenmontag: (50 Tage vor dem Griechisch-Orthodoxen Osterfest)

März/April: Karfreitag (Prozession des symbolischen Leichnams Jesu = Epitáphios)
Ostern (An Ostersamstag um Mitternacht wird die Auferstehung Jesu verkündet. Ostersonntag wird überall gegrillt und gefeiert. Auch Ostermontag ist noch Feiertag.)

Juni: Pfingsten – Kataklysmós-Fest (Das „Flut-Festival" findet in allen Küstenorten im Süden an Pfingsten, also 51 Tage nach Ostersonntag statt.)

Feiertage in Nordzypern

Die islamischen Feiertage richten sich nach dem Mondkalender und ändern sich deshalb jedes Jahr. Die beiden wichtigsten Termine sind Kurban Bayrami und Seker Bayrami, die auf den einmonatigen Ramadan (Fastenmonat) folgen. Weitere Feiertage sind:

1. Januar: Neujahr
23. April: Türkischer Unabhängigkeitstag
1. Mai: Tag der Arbeit
9. Mai: Tag der Jugend und des Sports
20. Juli: Tag des Friedens
30. August: Tag des Sieges
9. Oktober: Türkischer Nationalfeiertag
15. November: Zyperntürkischer Nationalfeiertag

Fotografieren

Fotografieren (und auch Filmen) ist in den archäologischen Stätten erlaubt. In den staatlichen Museen und in den Kirchen dagegen in der Regel nicht. Die Schlüsselverwahrer in den Kirchen und auch die Museumsangestellten erteilen jedoch häufig eine Fotografiererlaubnis, wenn man höflich und freundlich danach fragt.

Streng untersagt ist das Fotografieren und Filmen von Soldaten und militärischen Einrichtungen. Auch die Green Line darf nicht fotografiert oder gefilmt werden. Eine Ausnahme bilden die Übergänge in Nikosia, hier sind Aufnahmen gestattet.

Geld

Die Landeswährung der Republik Zypern ist der Euro. Mit Vpay-, Maestro-, Master- und VISA-Karten kann an Geldautomaten Bargeld abgehoben werden. In den meisten Restaurants und Geschäften kann ebenfalls mit Kreditkarte bezahlt werden. Aktuelle Wechselkurse findet man zum Beispiel unter www.exchange-rates.org

Im Nordteil gilt die Türkische Lira als gültige Währung. Euro und Britisches Pfund sowie die gängigen Kreditkarten werden jedoch in den meisten Geschäften und Restaurants ebenfalls akzeptiert. Geldautomaten sind wie im Südteil in allen größeren

Orten vorhanden, man erhält allerdings nur Türkische Lira.

Bei Verlust der Kreditkarte sollte man sofort die zyprische JCC Payment Systems (Tel.: 22 86 80 00) informieren und anschließend die zentrale Sperrnummer für fast alle Karten in Deutschland (Tel.: 0049 11 61 16).

Gesundheit

Zur Einreise nach Zypern sind keine Schutzimpfungen vorgeschrieben. Generell sollte man einen ausreichenden Tetanus-, Polio- und Diphterieschutz haben. Eine Impfung gegen Hepatitis A und B ist empfehlenswert, besonders wenn Ausflüge in den Norden geplant sind.

Das Leitungswasser kann im Allgemeinen bedenkenlos getrunken werden.

Die Versorgung mit Apotheken (griech.: Farmakeio) ist in den Städten gut. Sie sind durch ein grünes (oder rotes) Kreuz gekennzeichnet. Dort sind alle international gebräuchlichen Medikamente und Arzneimittel erhältlich, viele davon ohne Rezept.

Eine Liste deutsch- und englischsprachiger Ärzte auf Zypern findet man auf der Homepage der Deutschen Botschaft (www.nikosia.diplo.de) unter „Informationen für deutsche Staatsangehörige".

Die medizinische Behandlung in Notfällen ist für

ausländische Touristen in den Notfall- / Unfallstationen der staatlichen Krankenhäuser kostenlos. Weitere Behandlungskosten werden von der Krankenkasse gegen Vorlage der Arztrechnung teilweise erstattet (Infos bei der jeweiligen Krankenkasse). Die Abrechnung von Arzt- / Krankenhauskosten wird durch Vorlage einer Europäischen Versicherungskarte (EHIC) erleichtert, die gesetzlich Versicherte von ihrer Krankenkasse erhalten.

Informationsquellen

Über die Europäische Kulturhauptstadt Páfos 2017:

Über die Ideen und Ziele sowie über das aktuelle Programm der Europäischen Kulturhauptstadt 2017 informiert die Internetseite www.Pafos2017.eu. Auch auf Facebook ist Páfos 2017 offiziell vertreten (www.facebook.com/Pafos2017), darüber hinaus gibt es dort noch weitere Gruppen zum Thema.

Informationen zu den Sehenswürdigkeiten in Páfos findet man auf der Webseite der Region Páfos (www.visitPafos.org.cy). Die Stadt Páfos selbst ist unter Pafos.org.cy im Internet präsent.

Das Büro European Capital of Culture Páfos 2017 findet man beim Archäologischen Museum (55 Griva Gigeni Avenue, 8047 Páfos, Telefon 26955163).

Über Zypern allgemein:

Die Cyprus Tourism Organisation (CTO), die staatliche Fremdenverkehrszentrale, hält eine Reihe kostenloses Informationsmaterial bereit:

Cyprus Tourism Organisation (CTO), Zeil 127, 60313 Frankfurt, Tel.: 0069 25 19 19, E-Mail: info@cto-fra.de

Auf der CTO-Website www.visitcyprus.com findet man unter anderem die Adressen, Öffnungszeiten und Telefonnummern der meisten historischen Stätten und Museen.

Für Nordzypern findet man wichtige Informationen und Hinweise zu interessanten touristischen Zielen auf www.nordzypern-touristik.de.

Kinder

In beiden Teilen der Insel sind die Menschen sehr kinderfreundlich. In den Restaurants gibt es fast immer Kinderstühle und spezielle Kindermenüs. In den Supermärkten findet man eine große Auswahl an Babybedarf und Kindernahrung. Anders als in Deutschland sind die einheimischen Familien oft mit ihren Kindern noch bis spät abends in Tavernen oder Parks unterwegs. Natürlich sind auch die verschiedenen Aqua- und Lunaparks, die Tierparks und Gokart-Anlagen bei Kindern beliebt. Mit den

Stränden des Mittelmeers, den wilden Ziegen auf der Akámas-Halbinsel, den Schildkröten am Lara-Strand und den Ausgrabungsstätten gibt es aber auch sonst eine ganze Reihe sehr attraktiver Ausflugsziele für Kinder, so dass der Besuch eines Erlebnisparks nicht unbedingt erforderlich scheint.

Klima und Reisezeit

Zypern ist geprägt durch ein mediterranes Klima mit heißen, trockenen Sommern, die Mitte Mai beginnen und bis Mitte September andauern, sowie durch milde Winter von November bis Mitte März, in denen es häufiger regnet. In den Bergen oft auch Schneefall. Die kurzen Phasen des Frühlings und des Herbsts zeichnen sich durch eine stabile Wetterlage mit angenehm warmen Temperaturen und wenig Niederschlag aus.

Der Südosten Zyperns und die Gegend um die Hauptstadt Nikosia gelten als eine der heißesten Regionen in Europa. Die Temperaturen erreichen im Sommer tagsüber zwischen 35° Celsius und 40° Celsius, nachts kühlt es auf 21° Celsius bis 26° Celsius ab. In den Bergen ist es mit durchschnittlich 22° Celsius deutlich kühler. Die durchschnittlichen Temperaturen im Winter liegen bei milden 5°–15° Celsius, nachts kann es – vor allem in den Bergregionen – empfindlich kalt werden und gelegentlich Frost geben. In den Sommermonaten scheint die Sonne durchschnittlich 11,5 Stunden am Tag, in den Wintermonaten gibt es auch noch 5,5 Sonnenstunden am Tag.

Von Juni bis November beträgt die Wassertemperatur 22° C und klettert bis auf 27° C im August. Sogar während der drei kühlsten Monate Januar bis März betragen die durchschnittlichen Wassertemperaturen im Mittelmeer noch angenehme 17° C.

Die beste Reisezeit für Wassersport und Baden sind die Sommermonate zwischen Mai und September. Wanderer, Naturliebhaber und Kulturreisende sind aufgrund der milderen Temperaturen die Frühjahrs- und Herbstmonate zu empfehlen. Auch im Winter kommen Kultur- und Geschichtsinteressierte auf ihre Kosten, mit etwas Glück finden Wintersportler ausreichend Schnee zum Skifahren vor.

Klima in Páfos											
Jan	Feb	Mar	Apr	Mai	Jun	Jul	Aug	Sep	Okt	Nov	Dez
Tagestemperatur											
15	16	18	22	26	26	34	34	31	28	22	17
Nachttemperatur											
8	9	10	13	17	17	22	24	21	16	12	10
Sonnenstunden / Tag											
5	6	7	8	10	12	12	12	10	8	6	5
Niederschläge / Monat											
11	9	5	3	3	1	0	0	1	3	5	9
Wassertemperatur											
17	17	18	20	21	24	26	27	26	24	20	17

t

In vielen Hotels und Pensionen, vor allem an der Küste, gibt es keine Zentralheizung. Wer im Winter nach Zypern reist, muss damit rechnen, dass die Bettwäsche mitunter etwas klamm ist. Auch heizen die Klimaanlagen die kaum isolierten Zimmer nur kurzfristig auf. Wer es trotzdem warm und trocken haben möchte, sollte einen guten Schlafsack, Funktionswäsche oder eine Heizdecke (passenden Adapter nicht vergessen!) einpacken. Berghotels verfügen dagegen oftmals über eine Zentralheizung, die Zimmer sind dann trocken und warm.

Masseinheiten

Zypern benutzt bereits seit 1987 das metrische System für Masse und Gewichte. Offiziell werden Temperaturen in Grad Celsius angegeben, Treibstoff in Litern, Lebensmittel in Kilogramm und Gramm, Längen in Kilometern und Metern und Zentimetern, Geschwindigkeiten und Entfernungen in (Stunden-)Kilometern. Gelegentlich wird im Alltag aber nach wie vor mit alten englischen Maßen gerechnet:

1 foot (ft) = 30,48 cm
1 gallon (gal) = 4,56 l
1 inch (in) = 2,54 cm
1 mile (mi) = 1.609,34 m
1 pint (pt) = 0,56 l
1 yard (yd) = 91,44 cm

Notrufe

Für Südzypern lautet die Notrufnummer für Krankenwagen, Polizei und Feuerwehr: 112

In Nordzypern wählt man die 112 (Krankenwagen), 115 (Polizei) und die 177 (Feuerwehr).

Öffnungszeiten

Die Öffnungszeiten der Geschäfte schwanken je nach Standort, Branche und Jahreszeit. Üblicherweise sind die Geschäfte montags bis samstags zwischen 07:00–21:00 Uhr geöffnet. (In den Wintermonaten November–März nur bis ca. 19:00 Uhr). Kleine Geschäfte schließen häufig für ein bis zwei Stunden in der Mittagszeit. An Sonn- und Feiertagen bleiben die meisten Geschäfte geschlossen.

Die meisten Banken öffnen zu folgenden Zeiten: Montag bis Donnerstag von 8:00–14:30, Montag auch von 15:00–17:00 Uhr. In den Touristenzentren öffnen die Banken in den Sommermonaten auch länger. Internationale Banken haben häufig von 8:30–17:00 Uhr offen. An Wochenenden und Feiertagen bleiben die Banken geschlossen.

Die Museen, Ausgrabungsstätten und Sehenswürdigkeiten sind ganzjährig geöffnet, die Öffnungszeiten sind uneinheitlich und sollten am besten über die jeweilige Homepage in Erfahrung gebracht werden.

Rauchen

Seit 2010 gilt auf Zypern ein weitreichendes Rauchverbot, das alle öffentlichen Gebäude und

Verkehrsmittel sowie Bahnhöfe, Flughäfen, Kinos, Banken, Einkaufszentren und Theater umfasst. Sogar in privaten Pkws ist Rauchen verboten, wenn Kinder unter 16 Jahren mitfahren.

In den meisten Bars, Cafés und Restaurants ist Rauchen ebenfalls untersagt, es können jedoch separate Raucherräume eingerichtet werden.

Reisen mit Handicap

Die internationalen Flughäfen von Páfos und Larnaka sind behindertengerecht ausgestattet. Sie verfügen über Waschräume für Behinderte, Ladestationen für elektrische Rollstühle und Rampen. Auch der Transfer vom Flughafen zum Hotel ist in der Regel unproblematisch und erfolgt mit Niederflurbussen (Voranmeldung bei der Cyprus Tourism Organisation: www.visitcyprus.com erforderlich).

Viele Hotels sind auf die spezifischen Bedürfnisse von behinderten Menschen eingerichtet. Da jedes Hotel verschiedene Möglichkeiten anbietet, ist es ratsam, mit Ihnen direkt Kontakt aufzunehmen. Eine Liste mit behindertengerechten Unterkünften findet man ebenfalls auf www.visitcyprus.com unter dem Stichwort „Körperbehinderte".

Wie die meisten Städte in Zypern ist auch Páfos im Vergleich zu vielen anderen Destinationen im Mittelmeerraum relativ leicht zugänglich für Rollstuhlfahrer. Auf den öffentlichen Parkplätzen stehen Behindertenparkplätze bereit (Nutzung European Blue Badge am Auto erforderlich).

Reisen nach Nordzypern

Der türkisch besetzte Norden kann direkt nur über die Türkei erreicht werden (s. „Anreise“).

In den letzten Jahren wurden die Grenzbestimmungen zwischen Nord- und Südzypern etwas gelockert. Zyprer und Touristen können nun gleichermaßen an sieben Checkpoints die „Green Line“ verhältnismäßig unkompliziert überqueren. Die Green Line trennt den durch die Türkei besetzten Teil der Insel ab und ist völkerrechtlich keine Grenze. Sie wird von der UN bewacht sowie auf beiden Seiten sowohl von türkischem als auch griechischem und griechisch-zypriotischem Militär. Drei der Grenzposten, an denen es normalerweise keine Wartezeiten gibt und die durchgehend geöffnet sind, befinden sich in Nikosia (nur für Fußgänger: Lidrasstraße und Ledra Palace Hotel, Fußgänger / Autos: Ágíos Dométios). Weitere Übergänge für Fußgänger und Kraftfahrzeuge findet man in Pérgamos (türk.: Beyarmudu) bei Pyla, in Limnitis-Yesilirmak sowie in Strovília (türk.: Akyar) bei Ágios Nikólaos. Der Grenzposten in Páno Zódhia bei Aspromerítis, den man über die Straße Nikosia – Tróodos erreicht, kann nur mit einem Kraftfahrzeug passiert werden.

Für die Einreise nach Nordzypern, wird ein Visum benötigt, das kostenlos an den Checkpoints ausgestellt wird. Das Visum, das dem Pass beigelegt wird, berechtigt zum Aufenthalt von drei Monaten. Die Grenze kann damit mehrmals überschritten werden. Bitte beachten Sie, dass sowohl Griechenland als auch die Republik Zypern die Einreise verweigern, sobald ein nordzypriotischer Sichtvermerk im Pass enthalten ist. Deshalb lassen Sie bei der Einreise nach Nordzypern unbedingt nicht den Pass, sondern die vorliegenden Formulare stempeln. Für die Einreise vom Norden in den Süden (oder nach Griechenland) brauchen Sie lediglich einen gültigen Personalausweis.

Zur Nutzung von im Süden gemieteten Autos oder Motorräder in Nordzypern vgl. „Unterwegs auf Zypern".

Sicherheit

Zypern gilt als ausgesprochen sicheres Reiseland, die Kriminalitätsrate gehört zu den niedrigsten in Europa. Dennoch sollten die bei Auslandsreisen üblichen Sicherheitsregeln beachtet werden: Geldbörse und Wertsachen niemals offen tragen, bei Dunkelheit sollten abgelegene Straßen und dunkle Ecken gemieden werden.

Sprache

Im Süden ist die offizielle Amtssprache Griechisch und Türkisch, praktisch wird aber fast immer Griechisch verwendet. Historisch bedingt ist auch Englisch zumindest in den Tourismusgebieten und den Städten weit verbreitet. Deutsch und in letzter Zeit auch russisch wird in den Touristenzentren ebenfalls häufig gesprochen. Auf dem Land sind Englischkenntnisse dagegen deutlich weniger verbreitet, hier sprechen ältere Zyprioten auch Türkisch. Die Amtssprache im Norden ist ausschließlich Türkisch. Aber auch hier sprechen viele Einwohner, insbesondere die jüngeren, relativ gut Englisch. Ältere Nordzyprioten sprechen auch Griechisch.

Telefon und Internet

In Südzypern sind alle Telefonnummern achtstellig und beginnen mit einer 2. Bei Anrufen aus dem Ausland wählt man zuerst die internationale Landesvorwahl (00357) und anschließend direkt die achtstellige Nummer.

Im Norden wählt man eine siebenstellige Telefonnummer. Aus dem Ausland (und aus dem Süden Zyperns) wählt man zunächst die Landesvorwahl der Türkei (0090), anschließend 392 für Nordzypern gefolgt von der siebenstelligen Rufnummer.

Wer länger im Land ist oder viel telefoniert, kann sich preiswert in Handyläden, Kiosken und Supermärkten auf Zypern eine Prepaid-Karte mit zyprischer Mobilrufnummer kaufen.

In vielen Restaurants, Cafés und Hotels steht ein kostenloser WiFi-Internetzugang zur Verfügung.

Trinkgeld

In den Restaurants ist der Service bereits im Preis enthalten. Ein Trinkgeld in Höhe von rund zehn Prozent des Rechnungsbetrags wird von den Bedienungen dennoch erwartet. Ebenso sollte man Taxifahrern und dem Aufsichtspersonal in den Kirchen ein Trinkgeld geben.

Touristeninformation

In Páfos informieren drei Touristeninformationsbüros der Cyprus Tourism Organisation (CTO) über aktuelle Veranstaltungen, Ausflugsziele, Übernachtungsmöglichkeiten und einiges mehr:

CTO Information Office Káto Páfos
(Poseidonos 63A, Tel.: 00357 26 93 05 21)

Öffnungszeiten: Nov.–März: Di und Fr: 8:00–14:30 Uhr und 15:00–17:30 Uhr, Mo, Mi, Do: 8:00–14:30 Uhr; April–Okt.: Di und Fr: 8:15–14:30 Uhr und 15:00–18:15 Uhr, Mo, Mi, Do: 8:00–14:30 Uhr

CTO Information Office Páfos
(Agoras 8, Tel.: 00357 26 93 28 41)

Öffnungszeiten: Nov. – März: Di und Fr: 8:00 – 14:30 Uhr und 15:00 – 17:30 Uhr, Mo, Mi, Do: 8:00 – 14:30 Uhr, Sa: 8:00 – 13:00 Uhr; April – Okt.: Di und Fr: 8:15 – 14:30 Uhr und 15:00 – 18:15 Uhr, Mo, Mi, Do: 8:00 – 14.30: Uhr, Sa: 8:15 – 13:15 Uhr

CTO Information Office Páfos International Airport
(Ankunftshalle, Tel.: 00357 26 00 73 68)

Öffnungszeiten: tgl. außer Di und Sa von 9:00 – 21:00 Uhr (Die Öffnungszeiten können abhängig von den Flugzeiten variieren.)

Unterwegs auf Zypern

Mit dem Mietwagen: In allen größeren Urlaubsorten und an den beiden Flughäfen werden Mietwagen und Motorräder angeboten. Fahrer müssen 21 Jahre alt und mindestens seit einem Jahr im Besitz des Führerscheins sein. Der nationale Führerschein ist ausreichend. In der Hochsaison (Mai bis Oktober) empfiehlt sich eine Reservierung vor Reiseantritt. Das ist bei den meisten Verleihern problemlos über das Internet möglich. Die Fahrzeuge werden in der Regel zu einem Pauschalpreis ohne Kilometerbegrenzung vermietet. Dieser beträgt für einen Kleinwagen in der Nebensaison ab 20 € / Tag, in der Hauptsaison 30 € – 40 € / Tag. Die Preise in Nordzypern sind nahezu gleich wie im Süden des Landes.

Häufig wird zusätzlich eine Tankfüllung Benzin in Rechnung gestellt. Das Fahrzeug muss dann aber auch nicht vollgetankt zurückgegeben werden.

Beabsichtigt man, mit dem Mietwagen über die Green Line in den Norden der Insel zu reisen, ist dies dem jeweiligen Anbieter mitzuteilen. In der Regel ist das kein Problem. Es ist aber zu beachten, dass man im Falle eines Defekts oder Unfalls im Norden in der Regel keine Unterstützung des Vermieters erhält und die Kosten für den Rücktransport selbst tragen muss. Am Grenzübergang selbst ist eine Kfz-Haftpflichtversicherung für die Dauer des Aufenthalts im Norden abzuschließen. Die Einreise mit einem im Norden gemieteten Wagen in den Süden ist dagegen nicht gestattet. Wer sich im Norden einen Wagen leiht und in den Süden möchte, muss das Fahrzeug an der Grenze abstellen und den Weg anderweitig fortsetzen.

Auf Zypern herrscht in beiden Landesteilen Linksverkehr. Es ist deshalb ratsam, in den ersten Stunden nach dem Mieten eines Autos besonders vorsichtig fahren. Insbesondere an den zahlreichen Kreisverkehren, in die man natürlich links einbiegen muss, aber auch an anderen Gefahrenstellen, werden Touristen durch Verkehrsschilder an den Linksverkehr erinnert.

Die Höchstgeschwindigkeiten beträgt – sofern nicht anders ausgeschildert – innerhalb geschlossener Ortschaften 50 Kilometer/ Stunde, auf Landstraßen 80 Kilometer/ Stunde und auf Autobahnen 100 Kilometer / Stunde. Es gibt im Übrigen zahlreiche Radarkontrollen.

In Südzypern beträgt die Promillegrenze 0,5, im Norden ist Alkohol am Steuer gänzlich verboten.

Wie in Deutschland gibt es eine Gurtpflicht auf Vorder- und Rücksitzen, sowohl das Telefonieren als auch Rauchen am Steuer sind während der Fahrt verboten.

Die Straßen sind in einem guten Zustand. Es gibt ein gut ausgebautes Autobahnnetz, das Nikosia, Limassol, Larnaca, Páfos und Ayia Napa miteinander verbindet. In den Innenstädten sind die Straßen zum Teil sehr eng und die Verkehrsdichte sehr hoch.

In den Küstenregionen ist die Tankstellendichte hoch, in den Bergen, insbesondere im Troodos-Gebirge, muss man jedoch damit rechnen, auch mal über längere Distanzen keine offene Tankstelle zu finden.

Das internationale Kfz-Kennzeichen von Zypern lautet: CY

t Tipp

Wer seinen Mietwagen schon vor Reiseantritt reservieren möchte, findet auf folgenden Internetseiten eine große Auswahl an Anbietern und Fahrzeugen: www.cypruscarrental.com, www.rentalcars.com In Nordzypern befinden sich die meisten Autovermietungen in Kyrenia und Famagusta. Auch im Internet (z.B. auf den oben genannten Seiten) können Autos auch online gebucht werden.

Mit dem Bus: Vor einigen Jahren wurde das komplette Bussystem Zyperns neu organisiert. Seitdem gibt es ein dichtes, zuverlässiges und aufeinander abgestimmtes Busnetz, mit dem man von den Städten und Urlaubsdestinationen aus alle wichtigen Sehenswürdigkeiten erreichen kann.

In jedem der fünf Distrikte gibt es je eine Busgesellschaft. Alle Busse sind einheitlich in blauer Farbe lackiert (In Páfos gibt es anlässlich der Europäischen Kulturhauptstadt zusätzlich Busse mit dem Logo „Páfos 2017"). Neben den blauen Bussen gibt es die grünen Intercity-Busse, die fast stündlich die großen Städte des Landes miteinander verbinden. Zu beachten ist, dass die Zahl der Verbindungen unter der Woche größer ist als an den Wochenenden, ebenso verkehren tagsüber mehr Busse als in den Abend- und Nachtstunden.

Die *Fahrpreise* sind sehr günstig. Eine Fahrt im blauen Bus kostet 1,50 €, die Tageskarte 5 €. Dabei ist die gewählte Strecke unerheblich. Eine Wochenkarte kostet innerhalb des Distrikts 13 €. Der Fahrpreis im grünen Bus ist abhängig von der gewählten Route und der Entfernung. Eine Tageskarte für alle Linien kostet 15 € (Stand: 2016).

Halb- und ganztägige Bustouren zu fast allen touristischen Attraktionen Zyperns kann man in allen Reisebüros der Stadt buchen. Auch im Busbahnhof am Hafen werden solche Touren angeboten (Info: www.ruslantravel.com). Ebenfalls von hier starten die roten „Hop On, Hop Off"-Doppeldecker-Busse (April–Nov. Tgl. 10:00–16:00 Uhr, 24-Std.-Ticket: 12,50 €, Familienticket: 30 €).

Tipp

Die Fahrpläne findet man in den Busbahnhöfen und im Internet: Einen Überblick über alle Busverbindungen im Land gibt es auf: www.cyprusbybus.com
Páfos: www.Pafosbuses.com
Nikosia: www.osel.com.cy
Lárnaka: www.zinonasbuses.com
Agía Nápa: osea.com.cy

Mit dem Taxi: Während die Preise für Mietwagen und Busse sehr niedrig sind, liegen sie für Fahrten mit dem Taxi nahezu auf westeuropäischem Niveau. Man sollte immer darauf bestehen, dass der Taxameter angestellt wird, auch wenn manche Taxifahrer dies gelegentlich „vergessen".

Eine gegenüber dem privaten Taxi günstige und bei den Zyprern beliebte Alternative sind Sammeltaxis. Es handelt sich um Kleinbusse (9-Sitzer), die täglich zwischen 6 und 18 Uhr etwa halbstündlich (sonntags: stündlich) zwischen den großen Städten verkehren. Ein Platz in einem Sammeltaxi kostet in etwa das Doppelte einer Busfahrt. Eine Fahrt von Páfos zum Flughafen Lárnaka oder nach Nikosia kostet rund 22 €, nach Limassol beträgt der Preis ungefähr die Hälfte. Schneller ist man mit dem Sammeltaxi nicht. Von Vorteil ist, dass jeder Fahrgast vom Fahrer an jedem gewünschten Ort innerhalb der Stadtgrenzen abgeholt und am Ziel abgesetzt wird.

Auch in Nordzypern gibt es Sammeltaxis („Dolmuş"). Um mitzufahren stellt man sich an eine Hauptstraße wartet dort. Kommt ein Taxi vorbei, meist nach wenigen Minuten, winkt man dem Fahrer. Die Preise sind festgelegt und sehr moderat. Sammeltaxen haben keinen Taxameter. Lassen Sie sich also vor Fahrtantritt den Preis sagen.

t Tipp

Einen Überblick über Fahrtstrecken, -zeiten und -preise findet man bei Travel & Express (www.travelexpress.com.cy). Dort kann auch online eine Fahrt gebucht werden. Oder man ruft bei der Zentrale (Tel.: 7777 7575) an und gibt dort an, wann, von welchem Ort und mit wie vielen Personen man zu welchem Ziel fahren möchte. Man bekommt dann mitgeteilt, wann das Taxi ungefähr dort vorbeikommt.

Mit dem Fahrrad: Wegen den guten Wetterbedingungen und der abwechslungsreichen Landschaft ist Zypern auch ein hervorragendes Reiseland für RadfahrerInnen. Zwar gibt es kaum ausgebaute Radwegenetze (bislang nur in Agía Nápa, in einigen weiteren Städten, darunter Páfos, werden aktuell Radwege errichtet), dennoch kann man die Gegend gut auf den zahlreichen asphaltierten Nebenstraßen und auf Forstwegen mit dem Rad erkunden. Von Páfos aus beginnen oder enden einige von der Cyprus Tourism Organisation (CTO) empfohlene Radstrecken mit unterschiedlichen Schwierigkeitsgraden. Die Tourbeschreibungen findet man auf den Internetseiten der CTO (www.visitcyprus.com). Häufig kann man Fahrräder gegen eine Gebühr auch in den (größeren) öffentlichen Bussen mitnehmen. Eine Garantie hierfür gibt es aber nicht und ist auch davon abhängig, wie voll der Bus gerade ist.

In Nordzypern ist besonders das bereits erwähnte Radwegenetz um Agía Nápa zu empfehlen, das überwiegend aus Feld- und Forstwegen besteht und hervorragend ausgeschildert ist.

In allen Touristenorten, im Süden wie im Norden, werden Fahrräder vermietet. Nur in Nikosia und in Limassol gibt es Fahrradstationen, an denen man nach einer Registrierung (via Mobiltelefon) Räder stundenweise ausleihen kann (www.nextbike.de).

Die Stadt Páfos ist ein lohnenswertes Reiseziel. Die viertgrößte Stadt der Insel verbindet den Charme einer kleinen Provinzstadt mit weltweit einzigartigen Sehenswürdigkeiten, kulturellen Attraktionen, Naturspektakeln und zahlreichen Badestränden.

Schon seit vielen Jahren ist Páfos deshalb ein beliebtes Reiseziel für Urlaubs- und Badegäste aus Europa und der ganzen Welt. Für diejenigen, die bisher den Weg hierher noch nicht gefunden haben, bietet die Präsentation der Stadt als Europäische Kulturhauptstadt ein willkommener Anlass, Páfos und Zypern insgesamt in 2017 zu bereisen und sich selbst vom Flair der Stadt und des Landes verzaubern zu lassen.

Quellen- und Literaturverzeichnis

Die Bibel. Einheitsübersetzung der Heiligen Schrift, Altes und Neues Testament, hrsg. im Auftrag der Bischöfe Deutschlands, Österreichs und der Schweiz, des Bischofs von Luxemburg, des Bischofs von Lüttich, des Bischofs von Bozen-Brixen, Aschaffenburg 1980 | *Hesiod: Theogonie*, hrsg, übersetzt und erläutert von Karl Albert, Sankt Augustin 1998 | *Sibylle von Reden: Die Insel der Aphrodite.* Vergangenheit und Gegenwart Zyperns. Köln 1969 | *Sabine Rogge (Hrsg.): Zypern – Insel im Brennpunkt der Kulturen* (Schriften des Instituts für Interdisziplinäre Zypern-Studien, Band 1), Münster 2000 | *Pavlos Tzermias: Geschichte der Republik Zypern.* Tübingen 2004 | *Interview mit Marina Vryonidou* auf: www.cyprus.com/arts---culture-post-3948200.html vom 08.06.2015 | *Interview mit Marina Vryonidou* auf: hcbeat.com/2015/06/17/interview-with-marina-vrionidou-chief-operating-officer-of-paphos-2017-cultural-capital-of-europe vom 17.06.2015 | *Pafos2017 – European Capital of Culture* – Bid Book | *Pafos2017 European Capital of Culture* – Bid Book – Phase2 (Bid Books – Download von: issuu.com) | *European Capital fo Culture – Pafos 2017.* Introducing … The Open Air Factory, hrsg von Pafos 2017 Headquarters, Pafos 2015

Fotonachweise

Alle Fotos in diesem Buch, mit Ausnahme der nachfolgend aufgeführten, wurden aufgenommen von Christine Haller und Andreas Salewski

Titel (unten re.) und S. 44 – Michael Kouloumos;

S. 183 – Ben van Skyhawk

p

Andreas Salewski

Geburtsjahr: 1965, *Lebt in:* Mannheim, Deutschland
Studium der Geschichte, Politik und Linguistik in Heidelberg und Bochum; seit vielen Jahren in verschiedenen Arbeitsfeldern des Bildungsbereichs tätig; Seine Leidenschaft ist das Reisen, insbesondere Ost- und Südosteuropa sowie Städtereisen haben es ihm angetan; Passionierter Reisefotograf und Blogger; Spezialist für Sakralbauten und ausgewiesener Kenner der Gastroszene von Páfos; Veröffentlichte 2013 gemeinsam mit Wolfgang Orians das Reisebuch „Republik Moldau“.

Warum Andreas Salewski Páfos 2017 für wichtig hält:
„Páfos ist schon jetzt eine Stadt mit zahlreichen kulturellen Highlights. Durch das Konzept der Open-Air-Fabrik kommt das reiche, multikulturelle Leben in der Stadt im Jahr 2017 noch besser zur Geltung. Ich hoffe, dass die Menschen in der Stadt – Einheimische ebenso wie Besucherinnen und Besucher – angeregt durch Páfos 2017 stärker aufeinander zugehen und achtsamer mit den einzigartigen Kulturdenkmälern und den Naturlandschaften umgehen. Wenn es zudem gelingt, auch nur einige der Bausünden der Tourismusbranche zu beheben, würde dies Páfos nach 2017 noch lebens- und liebenswürdiger machen.“